나는 무관심을 증오한다

Odio gli indifferenti by Antonio Gramsci

나는
무관심을
증오한다

그람시 산문선

안토니오 그람시 지음 | 김종법 옮김

바다출판사

차례

일러두기

1. 본서는 안토니오 그람시가 《미래 도시La città futura》와 《1917-1918 평론Scritti 1917-1918》에 발표한 글을 세르지오 카프리올리오가 편집해 줄리오에이나우디 출판사에서 펴낸 Odio gli indifferent(Chiarelettere, 2011)를 번역한 책이다.

2. 본문에서 ( ) 안에 있는 내용은 옮긴이가 독자의 이해를 돕기 위해 보충한 부분이다.

3. 본문에서 [ ] 안에 있는 내용은 저본의 편집자인 세르지오 카프리올리오 혹은 줄리오에이나우디 출판사에서 독자의 이해를 돕기 위해 보충한 부분이다.

4. 각 단편의 제목은 줄리오에이나우디 판본의 제목을 따랐으며, 안토니오 그람시가 처음에 붙인 제목은 [ ] 안에 표기하였다.

그람시를 읽는다는 것이 그리 쉬운 작업이 아니라는 사실은 이미 많은 학자들이 지적해왔고, 공감하고 있다. 원서의 제목인 "무관심한 사람들을 증오한다"는 그래서 더욱 독자들을 갸우뚱하게 할지도 모른다. 갑자기 극우주의자들이나 극단주의자들이 사용하는 '증오한다'라는 표현을 쓴다는 것이 우리가 알고 있는 평등주의자이자 혁명론자 그람시에게 어울리지 않는다고 생각하는 사람들이 있을 것이기 때문이다. 그런데 그람시가 1920년대 초 이탈리아의 현실을 분석하고 반영하면서 '증오'라는 단어를 가져다 쓴 이유는 1920년대 전후의 이탈리아를 이해하면 충분히 공감할 수 있다.

증오는 그 반대의 단어라고 할 수 있는 '사랑'을 전제로 한다. 사랑하는 사람이 자신을 배신하거나 자신의 뜻대로 움직여주지 않을 때 그 사랑의 감정이 미움이라는 감정과 교차되거나 싫어

하는 감정이 사랑보다 넘치게 될 때 사용하거나 표현할 수 있는 단어가 증오다. 그람시가 토리노 대학에서 언어학도로서 자신의 지적 형성기를 보냈다는 점에서 그가 사용한 '증오'라는 단어는 몇 가지 시대상을 반영한다고 볼 수 있다. 그람시가 살았던 시대는 전쟁 직후의 어지러운 시대였다. 그런 시대는 흔히 경제적 위기, 그리고 전체주의적이고 강력한 카리스마를 가진 지도자의 출현을 바라는 대중들의 열망이 묘하게 섞여 있다. 이러한 시대 상황을 고려하여 그람시 시대의 이탈리아와 그가 이야기하고 있는 '무관심한 사람들'과 어째서 그람시가 그들을 증오한다고 이야기하고 있는지 살피는 것이 이 책을 이해하는 가장 중요한 지점일 것이다. 그런 측면에서 몇 가지 전제와 시대상을 밝히고 이 책이 갖는 한국적인 의미를 이야기하고자 한다.

우선 출판사 서문에서 밝히고 있듯이 본서는 그람시가 사회주의자로서 사회운동과 노동운동에 눈을 뜨기 시작한 시점과 파시즘이 도래하면서 나타났던 사회적 변화기 그리고 무솔리니 집권 당시 무솔리니와 의회에서 벌인 대담을 묶은 것이다. 특히《미래 도시》에서 발췌한 글과 1982년 출간된《1917-1918 작가들》에 편집된 글 및 의회 의사록에 담긴 글 중에서 1966년 토리노 에이나우디에서 출판한《사회주의와 파시즘Socialismo e fascismo》편집본에 수록되어 있는 단편들이 주를 이루고 있다. 더욱 중요한 사실은 그람시가 당대에 느꼈던 시대상황과 변화를 민주주의적인 관점에서 다양한 사회 문제와 연계하여 서술하고 있다는 점이다. 그런데 그러한 시각과 문제의 연계성은 21세기 대한민국이라는 지형에서 적절한 시사성과 함의를 갖고 있다.

　그람시는 1920년 전후의 이탈리아 상황에 대해 이야기하며 민주주의에 대한 대중의 무관심과 독재 체제에 대한 묵인과 순종을 특유의 역설적이고 반의적인 서술 속에 녹여낸다. 대중의 참여야말로 민주주의 수호의 가장 중요한 보루라는 점을 강조한 그람시는 '민주주의'의 가치가 '경제적 이해관계'나 '경제적 이익'에 비할 바가 아니라고 주장한다. 아마도 그러한 그람시의 생각에 많은 사람들이 동의하지 않을지도 모른다. 먹고사는 문제를 해결해주지 못하는데 민주주의의 가치가 정말 더 중요한 것인가? 이런 의문을 지우지 못하는 이들이 더 많을지도 모른다. 이런 질문은 시대를 떠나 역사적으로 항상 존재해왔고, 앞으로도 의식주 해결이 안 되는 민주주의나 정치는 항상 유사한 질문에 직면할 수밖에 없다.

　이 책에서 편집된 내용은 주로 그러한 의식주 해결과 민주주의의 상관성 문제를 노동과 일상의 정치, 그리고 이탈리아의 사회적 변화 및 시대적인 배경 등과 연계하여 서술하고 있다. 1920년대 초반의 이탈리아는 전쟁 직후의 어려움 속에서 의식주의 문제에 직면했다. 흔히 이야기하는 '먹고사는 문제'를 해결해준다면 그것이 어떤 체제든 받아들일 수밖에 없는 사회적인 상황이 지속되었고, 심지어 그런 체제의 등장을 열렬히 환영하였다. 그것이 현실이었고, 파시즘은 그렇게 시작되었다. 그런 상황에서 그람시의 선택은 그러한 민중의 의식을 일깨우고, '먹고사는 문제'의 해결이 '인간의 삶'을 해결하는 것과 그다지 큰 연관성이 없을 뿐 아니라, 전제조건이 아니라는 이야기를 끊임없이 하고 있다.

그러나 편집의 의도와는 달리 그람시가 이야기하고 있는 민주주의의 모습과 의미 그리고 참여가 바탕이 되는 대중의 정치적 행동을 담은 글들이 모두 이 책에 반영되어 있는지에 대해서는 다소 아쉬운 점이 있다. 특히 '정치와 정치가들', '교육에 관해', '자유와 법', '국가의 병폐'로 묶인 장은 민주주의와 자본주의 체제를 비판하고 프롤레타리아 중심의 세계관을 피력하는 데 지나치게 집중함으로써 논조가 다소 어긋나는 부분이 있어서 독자들이 쉽게 읽기 어렵다는 단점이 있다. 게다가 각각의 글이 당대 발생했던 일상의 일화나 사건사고를 대상으로 비평하고 판단하는 에세이 형식의 글인지라 당대의 상황을 모르는 독자에게는 그저 낯설 뿐이다.

이 책은 출판사 서문에서 밝히고 있듯이, 그람시가 초기 사회혁명가와 하원의원으로 활동하면서 가졌던 시대정신을 민주주의라는 주제로 편집한 정치평론집이라 할 수 있다. 그러나 번역 과정에서 그람시의 당대 정신과 사건을 그대로 옮기게 될 경우 발생하는 독해의 문제가 존재한다. 그때그때의 사건이나 사실 그리고 이탈리아의 수많은 인물들을 평가하면서 써 내려간 글이라는 사실 때문에 실제로 한국 독자들이 이해하기는 어렵다. 결국 이러한 문제들을 해결하기 위해 이 번역서는 직역의 의미를 최대한 살리면서도 번역자의 시각과 이해를 바탕으로 많은 부분 재해석한 문장이 많다는 점을 미리 밝힌다.

그럼에도 여기 수록되어 있는 글들은 현재 한국 사회를 관통하고 있는 민주주의의 위기 문제에 겹쳐 볼 때 매우 의미 있다. 만약 '이탈리아', '파시즘', '프롤레타리아' 등의 몇몇 단어를 '한국', '한국의 정치권력', '노동자 혹은 시민' 등으로 바꾸어본다면, 그람시의 글들이 마치 한국 상황을 이야기하고 있는 것이 아닌가 착각을 불러일으킬 정도다. 번역자와 그람시 연구자라는 두 가지 입장을 모두 갖고 있는 필자에게 이 번역은 해석이나 내용 면에서 상당히 곤혹스러운 것이었지만, 이 번역서는 두 가지 입장을 가능하면 모두 반영하고자 노력했다. 번역에 더 많은 공을 들여야 했음에도 필자의 게으름과 여러 사정으로 인해 출간 기한을 훌쩍 넘기게 된 점에 대해서는 출판사와 편집진 모두에게 죄송함을 전한다.

2016년 한국 사회를 돌아보면, 이 책은 많은 점들을 시사한다. 이명박 정부나 그 연장선에 있는 박근혜 정부의 정책과 국정 운영에 관심이 있는 독자들이라면 이 글 속에서 다루고 있는 민주주의에 대한 그람시의 견해와 내용이 100여 년의 차이가 있는 전혀 다른 시공간에서도 이처럼 유사하게 해석되고 있다는 점에서 놀라움을 금치 못할 것이다. 오늘이라는 시점에서 대한민국과 대한민국 국민들이 가지고 있는 민주주의에 대한 생각과 의미가 100여 년 전의 그람시 글들을 통해 부활하리라고는 아무도 생각하지 못했을 것이다. 그러나 그 부활은 의미의 재해석이나 내용의 유사성이라기보다는 민주주의라는 가치가 갖는 '불멸성'과 '영속성'에 있다고 이해해야 할 것이다.

'무관심한 사람들'은 어느 시대, 어느 공간에서나 존재한다. 그러한 무관심 때문에 자신을 제외한 모든 사회 구성원이 잠재적인 피해자가 되거나 손해를 입을 개연성이 크다는 사실을 분명하게 인지해야 한다. 선거 불참이나 기권에 대한 정치적 권리 논쟁을 차치하고라도 정치 현실의 비민주성과 사회적 갈등을 해소하는 데 '참여'와 '투표'만큼 현실적인 대안은 아직 존재하지 않는다고 필자는 믿는다. 결국 실천과 행동만이 우리를 좀 더 나은 세상과 현실로 인도한다는 진리를 믿으면서, 현재의 나를 위해 그리고 미래의 나를 위해 우리 모두 민주주의의 가치를 공유하고 그에 참여해야 할 것이다.

2016년 2월

번역의 변을 대신하면서 김종법 씀

출판사 서문

여기 실린 글들은 안토니오 그람시가 《옥중수고》 이전에 남긴 글들 중에서 세르지오 카프리올리오Sergio Caprioglio가 감수하여 줄리오에이나우디 출판사에서 편집한 것들이다. 특히 《미래 도시La città futura》에 실린 글과 1982년 출간된 《1917-1918 평론 Scritti 1917-1918》에 실린 글에서 선별하였다. 이 중에서 다른 책에서 가져온 두 편의 글이 있는데, 하나는 〈피아트사의 노동자들 Gli operai della Fiat〉이다. 이 글은 1966년 토리노에 있는 에이나우디 출판사에서 펴낸 《사회주의와 파시즘Socialismo e fascismo》 편집본에 수록되어 있는 평론이다. 다른 글은 이 책의 말미에 수록된 대담록으로, (그람시가 이탈리아 의회에서 진행한 발언을) 본서의 성격에 맞게 발췌한 것이다. 이 글은 1925년 정부 수반이었던 무솔리니 정부가 제안한 법률을 두고 두 사람 간에 오고 간 논쟁 성격의 글로 《통일l'Unità》에 실렸다.

그람시의 많은 글을 주제에 맞게 편집하는 작업은 세르지오 카프리올리오가 맡았다. 특히 당시는 언론 검열이 심해 그람시의 많은 글이 부분 삭제되거나 수정되었는데, 이러한 검열 문서에 대한 확인 작업은 토리노에 있는 주州 문서보관소에서 이루어졌다. 확인 과정에서 발견된 상이한 부분에 대한 최종 판본의 선택은 가능하면 최초의 판본으로 대체하였다.

이러한 작업이 필요했던 이유는 당시 살란드라Salandra 정부가 1915년 5월 23일에 발표한 법령에 따라 모든 출판물과 기사는 사전검열을 거쳐야 했고, 따라서 원본과 검열 후의 교정본에 차이가 있다. 그러한 차이를 확인하기 위해 문서보관소에 있는 원본과 대조 작업을 해야 했다. 그람시 역시 당대에는 사회당원으로서 글을 썼기 때문에 당보나 사회주의 계열의 인쇄물에 기고한 글은 대부분 부분적으로든 전체적으로든 검열을 받았다. 이때문에 그람시가 썼던 다른 글의 원본과 차이가 생겼고, 출판된 글과 원본을 반드시 검토해야 했다.

이러한 값진 복원 작업이 무의미한 일이 되지 않도록 하기 위해, 토리노 문서보관소에 보관된 인쇄물의 복사본을 확인하는 과정에서 카프리올리오가 재발견한 부분들은 대괄호 안에 넣어 구분하였다. 이러한 작업과 표시는 독자들에게 전체 원본을 알 수 있도록 하기 위한 것이었다.

카프리올리오의 감수에 따라 편집된 원본들에 대한 출판 허가를 해준 산드로 카프리올리오에게 감사의 뜻을 전한다.

이와 더불어 2010년 5월 31일 로마 퀴리노Qurino 극장에서 개최된 '도청 허용 법률'에 반대하는 집회에서 그람시의 〈무관심한 사람들을 증오한다Odio gli indifferenti〉라는 글을 낭독하여 우리에게 무관심과 불참여에 담긴 위험을 알려준 지안리코 카로필리오Gianrico Carofiglio에게도 진심 어린 감사의 말을 전한다.

왜 오늘인가—다비드 비두사*

처음에는 실망뿐이었다.

〈무관심한 사람을 증오한다〉는 이 책의 맨 앞에 실린 글의 제목이기도 하다. 그런데 이 문장이 의미하는 바는 무엇일까? 사회가 되었든 집단이 되었든 무언가를 바꾸고자 한다면 잘 준비된 지성이 필요하다. 여기서 지성이라는 단어는 이탈리아 사회의 많은 불행들을 파악할 수 있는 수단을 의미한다. 유감스럽게도 이탈리아에 산재한 불행들은 오늘날에도 여전히 해결되지 않고 있다. 전통적으로 자본가와 무산자 계급을 구분 짓던 정치 계급의 무의미, 기회에 따라 상황을 악용하여 자신의 모습을 바꾸

---

* 다비드 비두사David Bidussa는 이탈리아의 작가이자 기자이며, 역사사회학자이다. 주로 시오니즘과 유대이즘에 관해 연구했으며, 이스라엘 예루살렘의 히브리 대학에서 강의하기도 했다. 현재 펠트리넬리 재단 문서기록보관소 및 도서관 관장으로 있다.

는 기회주의적 속성을 의미하는 변신주의, 공화정 체제 안에서 반드시 필요한 존재인 입법부 의회의 독립과 그 필요성에 대한 의식의 결여, 정치-사법 간의 갈등, 학교, 수많은 부정부패, 정치적 삶 속에 보장되어야 할 자유에 대한 추상적 인식, '정직·청결주의'에 대한 혈연주의와 연고주의 문제 등 오늘날에도 많은 문제가 해결되지 않은 상태로 남아 있다. 그런 상황에서 지성은 단지 '가시처럼 날카로운 비판'뿐 아니라, 상대방의 언어 속에 감춰진 의미를 예리하게 파헤쳐 변화를 일으킬 수 있도록 모두에게 이해시킨다는 의미를 함께 지닌다.

이 책의 말미에 실린 그람시와 무솔리니의 토론 기록 중 일부는 이러한 의미를 잘 보여주고 있다. 물론 연설은 여기저기서 질러대는 소음에 가까운 외침 탓에 계속해서 중단되기는 했다. 이 글에서 그람시는 수동적인 자세를 견지하고 있는 무솔리니를 압박하고 있으며, 무솔리니를 공식적으로 '두체duce'(우리말로 우두머리 정도로 번역할 수 있다)라고 부르지는 않지만, 이미 파시스트 정권의 우두머리가 되어버린 무솔리니를 논쟁의 장으로 끌어들이는 데 성공했음을 보여주고 있다. 두 사람 간의 대화와 이야기를 보면 정치란 결코 힘만으로 이루어지는 것이 아니며, 그렇다고 권위만으로 구성된 것이라고 말할 수도 없다는 사실을 알 수 있다. 그러나 '권력을 갖지 못한' 자들의 권위는 지성에서 나올 수 있다. 그러한 지성은 지성 그 자체 때문에 처벌이나 박해를 받는다 해도 항상 지성이라 불린다. 그것은 바로 용기인 것이다.

그람시의 이 글들에 다시 제목을 붙인다면, '오늘날과 같은 이탈리아를 우리는 왜 좋아하지 않을까?l'Italia com'è oggi non ci piace'라는 큰 제목 아래 묶을 수 있을 것이다. 이러한 시도는 지오반니 아멘돌라Giovanni Amendola가 의도했던 그람시의 글들에 대한 단정적인 해석과 진술을 재구성하기 위한 것일 수도 있다. 그러나 어찌 보면 이마저도 헛된 일일 듯하다. 아멘돌라는 그람시의 이 글들을 반정치에 대해 이야기하는 매력적인 글들로 보았다. 따라서 그람시가 정치에 대해 설파하고 있는 정치적인 글과도 구별하고자 했다. 그뿐 아니라 구체적인 현실에 대한 글이나 정치적인 역학관계를 이해하고자 썼던 단호한 태도의 글과도 구별하였다. 아멘돌라가 보기에 그람시의 이 글은 단지 불평만을 늘어놓는 단편적인 주장은 아니었던 것이다.

이 글들에는 그람시가 자신의 글 속에서 자주 언급하지 않은 '이탈리아 지역Paese Italia'이라는 표현이 나오는데, 이 표현은 그람시 이후 얼마 지나지 않아 루지에로 로마노Ruggiero Romano가 사용하기도 했다. 여기서 이야기하는 이탈리아 지역은 이탈리아라는 나라를 말하는 것이 아니다. 사물, 행동, 특징, 자양분, 수사학, 그 지역이 가지고 있는 문제, 그곳에서 사용하는 말, 사회적 삶을 구성하는 관습 등 아주 미시적인 것을 의미한다. 그것은 이데올로기적 투사의 구축으로 만들어진 추상적인 지역성이 아닌 현실적 삶이 반영된 현실의 이탈리아에 대한 조사를 구체화하고자 할 때 사용된 표현이었다.

그러나 우리는 역사적으로 한정된 그 시간에 머물러 있다.

전쟁이라는 한 사건, 토리노라는 한 장소, 1917~1918년이라는 시기, 그 사이에 발생한 카포레토Caporetto 전투, 식량을 위한 파업, 러시아 황제 차르의 폐위와 겨울 궁전Palazzo d'Inverno의 점령, 미국의 전쟁 개입, 영국 군대의 예루살렘 입성, 서아시아 제국들의 전쟁과 분쟁의 종식 등이 있었다. 그 사이 유럽의 마지막 전염병인 스페인 독감이 발생하기도 했다(이 병은 1918년에서 1919년 사이 이탈리아에서만 50만 명에 이르는 사망자를 냈다). 이런 환경 속에 우리가 살고 있는 이 시기가 바로 20세기인 것이다.

이 시기 그람시는 그러한 위험에서 다소 멀찌감치 떨어져 있던 몇 안 되는 젊은 지식인 중 하나였다. 그 이유는 그가 어렸을 때 꼽추와 유사한 신체적인 질병을 앓았고, 이 때문에 징집이 면제되었기 때문이다. 그러나 그람시의 많은 친구들은 국제적인 갈등과 위험으로 가득 찬 전쟁이라는 현실로 끌려 들어갔으며, 그중에는 돌아오지 못한 친구들도 있었다. 토리노에는 굶주림과 삶에 지친 사람들이 늘고 있었고, 돌아온 노동자들은 그들의 직장이었던 공장을 점거하였다. 공장 점거 투쟁은 당시 사회 배경의 중심으로 자리했다. 거기에는 당대의 모든 비극, 모든 절망들과의 전쟁이 자리하고 있었을 뿐 아니라 그 속에 내재되어 있기 시작한 모든 사회적 문제들과의 전쟁도 존재했다. 그러한 문제들에 천착하여 이를 제대로 파악할 수 있는 예리한 성찰과 그러한 문제들에 의미를 부여할 수 있는 장기적인 안목이 필요했다.

안토니오 그람시는 그러한 통찰력과 분석력을 모두 가진 지식인이었다.

〈관료주의에 반대하면서〉라는 글에서는 비효율적인 사회 구조가 반복되는 역사의 흐름을 짚어내고 있다. 〈언어를 어떻게 바꿀 것인가〉와 〈상식의 전환〉이라는 글에서는 대중의 언어 속에 사용된 단어들이 본래의 의미를 잃어버리면서 그 단어들로부터 파생되는 모순을 고발하고 있다. 자격 없는 정치인들과 정치 계급의 위기를 역설적으로 표현하고 지적하는 〈통제 밖의 자본주의〉라는 글도 있다. 하나의 강화된 규범을 희극으로 만드는 영화에 사용되는 '클립clip'과 같은 형식으로 글을 전개하고 있는 〈여자들, 기사들, 그리고 연인들〉에서는 우리를 특징짓는 많은 개인적 습관(취향, 악습)에 대해 이야기하면서 이러한 부분들이 공공 도덕이라는 관점에서 어떻게 나열되고 있는가를 이야기한다. 또 〈리소르지멘토와 통일 이탈리아〉에서는 긴 역사적 뿌리를 가진 리소르지멘토에 대한 이탈리아인들의 맹목적인 집착과 열망을 담고 있다.

그러나 그가 '영원한 이탈리아Italia eterna'를 이야기하고자 하는 것은 아니다. 그람시에게 중요한 것은 무엇보다 현실을 수동적으로 받아들이지 않겠다는 의지와 행동을 표현하고 보여주는 방법이었다. 그람시가 '귀를 기울기기 시작'한 것은 바로 이것 때문이었으며, 실제로 그는 작은 것 하나도 놓치지 않으려 했다. 남자들과 여자들은 꼭두각시 인형이 아니다. 그들의 삶을 더 나아지게 하는 데 기여할 수 있는 문제 해결 방법에 대해 고민하려면 진정으로 자신들의 고된 일상을 스스로 책임지고 떠맡아야 한다. 역사적인 패배(〈피아트 노동자들〉의 주제다. 토리노의 공정 점거 사태는 반혁명의 파고와 함께 실패했지만, 노동자들의 행동과 실천 역량과 한계를 동시에 보여주었다는 측면에서 역사적인 패배라는 표현을 사용한 것이다)에 대해 생각할 때, 우리는 계속하여 그럴 수 있다. 정확히 말하면, 아무런 변화가 없는 편안한 일상과 세상에서 유일하게 실현 가능한 일상이 될 수밖에 없다는 안일하고 편리한 생각을 반드시 거부해야 한다.

"1918년에서 1919년 사이 토리노에는 사회주의 분파가 단 하나만 있었으며, 그 조직은 조합연맹Aleanza cooperativa 건물에 자리하고 있었다. 총회는 커다란 방에서 개최되었는데 비교적 많은 사람들이 참석했다. 그람시는 먼저 도착한 사람들 사이로 들어가 자리를 잡지는 않았다. 그람시가 도착했을 때도 사람들이 그에게 주목을 하거나 그만을 쳐다본다거나 하지는 않았다. 참석자들은 이미 토론에 몰두하고 있었고, 그람시는 의자를 하나 집어 들고 건물 밖 발코니로 통하는 문 쪽으로 가서 벽에 기대어 놓고 앉아 토론을 경청하고 있었다."

마치 '영화의 한 장면' 같은 움베르토 테라치니의 이 묘사 속에는 곧이어 전쟁에 휩싸일 토리노의 모습이 언뜻 보인다. 그람시는 정감 어린 모습의 초상화 속 전형적인 표정을 한 채 그곳에 앉아 있었다. 특히 전쟁 기간과 종전 직후 토리노에서 여러 해 동안 그를 따르던 사람들에게 천재적이면서도 생기가 넘치고, 고집스럽지만 매우 '친근한' 인상을 주었던 인물의 감성이 두드러지게 나타난다. 그러하기에 유토피아 안에서 모두가 함께 연대하여 보호해야 할 인물이라는 느낌을 준다.

그를 따르던 사람들의 기억 속에서 안토니오 그람시는 말을 많이 하면서도 다른 사람의 이야기를 잘 들어주는 사람으로 묘사된다. 실제로 그람시는 사려 깊지만 부드러운 미소를 머금은 인상을 가졌다. 단호하면서도 분별력이 있고, 도덕과 삶에 대하여 역사적으로 형성된 개념을 통해 강한 신념을 전수받았으며, 교육적 사명도 강한 인물이었다. 그러나 많은 사람들로부터 존경을 받았다 하더라도 바로 '지도자Capo'가 될 수 있는 인물은 아니었다. 그람시가 지도자로서 존경을 받을 만한 인물이 되기까지는 전쟁이 끝나고 체포되는 시기(1926년 11월)까지의 긴 정치적 수습 기간을 거쳐야만 했다.

파시즘 독재체제의 형성은 역설적이게도 그람시의 지적인 모습을 더욱 부각시켰다. 그람시 분파의 정치적인 패배, 무엇보다 긴 연옥과도 같은 혹독한 시련의 시기를 견뎌내야 했던 그는 자신의 정치 노선을 재정립했을 뿐 아니라 새로운 현실에 맞춰 자신의 생각과 노선을 완전히 바꾸어야 했다. 이 과정에서 그의 지성은 더욱 강해져서 파시즘과 투쟁할 전장으로 돌아왔다.

그람시는 1923년 11월에 "우리는 이탈리아를 모른다. 그런데 더 심각한 것은 우리에게는 이탈리아를 파악할 적절한 도구가 없다는 점이다. 그렇기 때문에 우리는 어떤 것을 예상하여 방향을 잡고 정확히 예측할 가능성에 대비하여 준비하고 실행할 행위들을 나열하여 점검해볼 기회를 거의 갖지 못하고 있다"라고 썼다.

다시 현실의 삶을 바라보고 현실을 잃어버린 자의 힘겨움을 짊어지라는 명령만이 되돌아온다. 그 명령은 전쟁이라는 혹독한 시기를 보내고 새롭게 돌아온 이가 현실에 어떻게 대처하고 행동해야 하는가를 고민하는 지식인의 고뇌와 상황적으로 일치하는 명령인 것이다. 그러려면 현실을 파헤쳐 그 내면을 단단히 파악하고, 그 현실을 분석하여 연구하며, 그 현실 안의 문제들이 분산되지 않도록 결합하고 분석의 시선을 고정시켜야 한다. 그러나 그러한 현실 분석의 목적은 동일하다. 새로운 일상성이 실현 가능한 세상의 유일한 형태로 보일 수 있다는 주문을 외울 필요가 있다. 도대체 어느 누가 그러한 명령과 목적 모두가 우리가 가진 조건을 통합시키지 못할 것이라고 말할 수 있을까? 지금이야말로 현실을 냉철하게 분석하고 꿰뚫어보아야 할 때다.

1장

무엇보다
먼저

Odio gli indifferenti

무관심한 사람을 증오한다

무관심한 사람들을 증오한다. 프리드리히 헤벨Friedrich Hebbel이 그랬듯이 나는 "산다는 것은 지지자(혹은 참여자)partigiani가 된다는 것을 뜻한다"라는 말을 믿는다.* 세상에 시민만 존재할 수는 없다. 도시에는 이방인도 있다. 그러나 진정으로 살아 있는 사람들은 시민일 수밖에 없으며, 무언가를 지지하는 사람일 수밖에 없다. 무관심은 무기력이고 기생적인 것이며 비겁함일 뿐 진정 살아 있는 것이 아니다. 그러므로 나는 무관심한 사람들을 증오한다.

무관심은 역사의 죽어 있는 납덩이다. 무관심은 혁신자에게는 납으로 만들어진 공과 같으며, 때로는 매우 빛나는 열정들을 수

---

* Friedrich Hebbel, *Diary*, Scipio Slataper 번역 및 소개, Carabba, Lanciano 1912, p. 82.

그러들게 하는 무기력한 물질에 불과하다. 그것은 또한 도시를 정복하기 위해 성벽을 기어오르는 이들을 진흙탕 속으로 끌어들여 죽음에 빠뜨리기도 하고, 영웅의 기운을 빼앗아 업적을 이루지 못하게 하기도 한다. 그런 이유로 무관심은 종종 도시를 둘러싼 견고한 성벽보다도, 그리고 도시를 지키고자 하는 전사들의 뜨거운 충성심보다도 훨씬 방어가 잘되는 깊고 깊은 늪이 되기도 한다.

무관심은 역사 안에서 늘 강력하게 작동했다. 비록 그것이 수동적일지라도 항상 작동했다. 무관심은 치명적이다. 그것은 생각해볼 여지가 없는 것이다. 잘 준비된 계획을 뒤엉키게 하기도 하고, 잘 수립한 과정과 단계들을 뒤집어버리기도 했다. 또한 무관심은 지성을 맹렬하게 반대하는 원천이자 배출구다. 누구에게나 일어날 가능성 있는 악惡은 항상 무언가를 행하고자 하는 몇몇 사람들에 의해 발생하지는 않는다. 그렇다고 이러한 일이 다수의 무관심에 의해서 일어나는 것도 아니다. 영웅적(보편적 가치로서) 행동으로 초래될 수 있는 선善 역시 이와 같다. 발생하는 모든 일은 단지 몇 사람이 그러한 일이 일어나지 않기를 바라거나 혹은 반대로 그러한 일이 일어나길 원해서 일어나는 것은 아니다. 그렇다고 대다수의 군중이 자신들의 개입 의지를 포기하면서 그대로 내버려두거나, 혹은 모든 문제들에 대해 때를 기다렸다가 단칼에 자르듯이 해결할 수 있는 것도 아니다. 또는 원하지 않은 법률을 선포하도록 방치한 뒤 이를 다시 폐기하기 위해 혁명이나 봉기를 일으키거나 원치 않는 사람들이 권력을 쟁취하도록 방기한 뒤 다시 폭동이나 무력 시위를 통해 권력을 되찾기 위해 그저 일이 일어나도록 놓아두는 것도 아니다.

역사를 지배하는 것처럼 보이는 이러한 치명적인 숙명론은 무관심이나 현실에 대한 방치에 의해 나타나는 명백한 환상일 뿐이다. 실제로 소수는 음지에서 성장하여 발전하면서, 아무런 통제나 감시도 받지 않은 채 집단 전체의 삶을 구상한다. 일반 군중은 이런 사실을 전혀 알지 못한다. 왜냐하면 일반 군중은 그런 사실조차 걱정하거나 고민하지 않기 때문이다. 한 시대의 운명은 소수가 제기한 협소한 전망, 단기적이고 즉각적으로 달성 가능한 목표, 활동적인 소수 그룹의 사적인 욕망과 열망, 그리고 이에 순응하는 군중에 의해 결정되고 조종된다. 왜냐하면 어느 누구도 그러한 문제제기와 제안에 대해 고민하거나 걱정하지 않기 때문이다. 그러나 그렇게 하여 소수로부터 대중으로 성장하여 발전한다는 사실은 어떤 식으로든 나타나게 된다. 음지에서 소수에 의해 구상된 계획이 완성되면, 그때는 그러한 치명적인 숙명론이 모든 사람을 혼란에 빠트린다. 그것은 역사가 단지 거대한 자연 현상, 즉 화산 폭발이나 지진에 지나지 않는 것처럼 보이게 되는 것을 의미한다. 그렇게 된다면 모든 이들은 자신이 원했든 원하지 않았든, 알았든 몰랐든, 행동을 했든 무관심했든, 희생자가 된다. 이런 상황이 되면 맨 마지막 희생자는 화를 내며 무관심했던 이를 탓하고, 참담한 결과를 인정하지 않을 뿐 아니라 결과에 승복하지도 않는다. 오히려 자신이 바라지 않았던 결과이기 때문에 자신에게는 아무런 책임이 없다고 선언한다. 그들은 때로 불평하면서 슬프게 울기도 하고, 때로는 아무에게나 무섭게 욕을 한다. 그런데 소수의 사람만이 스스로 그 일에 대해 묻기도 하지만, 아무도 그러지 않을 수도 있다. '만일 내가 내 의무를 다했다면, 내가 내 의지와 내 조언을 가치 있게 하려 했다면, 그런 일이 일어났을까?' 그러나 극소수의 사람만이 자신들의 무관심과 회의론으로 인해 그러한 일이 일어난 것이라고 반성한다. 최악의 상황을 피하기 위해 투쟁하고 최선의 상황을 만들기 위해 노력했던 시민들에게 도움이 될 수 있는 활동과 손길을 보내주지 않았다고 반성하는 이는 없거나 극소수다.

반면에 그 외의 사람들 대부분은 이미 일어난 일에 대하여 이상적이지만 실패할 수밖에 없었다거나 최상의 계획이지만 무너질 수밖에 없었다거나 아니면 더욱 최상의 상황이 가능했을지도 모른다는 식으로 이야기하기를 좋아한다. 그렇게 하여 그들은 다시 자신들의 책임을 회피한다. 그들은 분명 자신들의 책임을 모르지 않았다. 더군다나 간혹 더 다급한 문제들이나 많은 준비와 시간이 필요한 매우 위중한 문제들에 대해 명쾌한 해결책을 제시할 능력이 없지도 않았다. 이러한 방식으로 제시된 해결책들은 제대로 적용되어 실현되지 못한 채 남아 있기도 하지만, 일반적으로 전체적인 삶 속에 복속되어 그저 하나의 평범한 제안에 그치고, 그 자체만으로는 생명력을 유지하지 못하게 된다. 그것은 다만 지적 호기심에서 만들어진 것일 뿐이다. 그것은 치열한 삶 속에서 볼 수 있는 모든 행동들이 있는 그대로이기를 바라면서, 그 어떤 종류의 무관심이나 불가지론도 인정하지 않는 역사적 책임의식을 동반하는 치열하고 예리한 의미로부터 생성되는 것도 아니다.

나는 무관심한 사람들을 증오한다. 그들이 오랫동안 무고한 사람들에 대해 지속적으로 불평불만을 제기하는 일에 화가 나기 때문이다. 나는 그들 개개인에게 인생이 그들에게 일상적으로 부여한 과제를 어떻게 해결하였는지를 물었다. 다시 말하자면 그들의 인생 안에서 그들이 스스로 했던 것들이 무엇이었으며, 또 하지 않은 것들은 어떤 것이었는지에 대해 물었다. 나는 이 질문을 하면서 충분히 냉정할 수 있을 거라고 생각했으며, 연민의 감정이나 동정심을 함부로 낭비하지 않아도 되고, 그들과 함께 슬픔의 눈물을 흘릴 필요가 없다고 느꼈다. 나는 삶의 참여자이며, 살아 숨 쉬는 생명체이며, 내 역할의 일부분을 통해 미래를 구축하고 있다고 느끼며, 《미래 도시》에서 담당하고 있는 나의 활동을 충분히 고양시키고 발전시킴으로써 내가 맡은 역할이 역동적인 의식 속에서 살아 있다고 느끼고 있다. 그런 의식을 갖고 있으면 사회적 관계라는 것이 소수에게도 그리 무겁게 느껴지는 짐이나 부담이 되지 않을 것이다. 그 과정에서 일어나는 모든 일들은 우연히 발생하는 것이 아니라 숙명적으로 일어나는 것이며, 그것은 분명 시민들의 지적 작업의 종합인 것이다. 그러한 관계에서는 소수가 자신을 희생하고 있는 동안, 그리고 희생을 위해 자신의 모든 것을 쏟아붓는 동안, 그러한 노력과 희생을 창가에서 그저 바라만 보고 있을 사람은 아무도 없다. 창가에 자신의 몸을 드러내지 않고 숨어서 보고 있는 사람은 소수의 희생적인 활동이 불러일으키는 약간의 선善, 그리고 자신이 직접 나서지 못함에 대한 아쉬움이 표출되면서 나타나는 선한 행동을 활용하는 것이다. 그러나 만약 그가 자신의 의도를 잘못 전달하거나 표현한다면, 그 희생과 출혈을 오염시키게 된다.

나는 살아 있고 삶에 참여하는 인간이다. 그러므로 나는 삶에 참여하지 않는 사람을 증오하며, 무관심한 사람을 증오한다.

1917년 2월 11일

무능한 정치가들

과학 활동은 환상적인 노력에 더해 뛰어나고도 위대한 인간이 있어야만 좋은 결과를 맺을 수 있다. 가설을 세울 수 없는 사람은 절대로 과학자가 될 수 없을 것이다. 정치 활동에서도 많은 부분이 환상으로 비추기도 한다. 그러나 정치 활동에서 가설은 삶에서 나타나는 무기력한 사실에 대한 것, 삶에서 오는 별로 감흥 없는 소재로부터 나오는 것이 아니다. 정치에서 환상은 사람들, 사람들이 이루고 있는 사회, 삶 속에서의 고통, 사람에 대한 애정, 삶에서 필요한 것들로 구성된다. 만약 한 과학자가 자신이 내세운 가설이 틀렸다는 것을 알게 된다 하더라도 궁극적으로 볼 때 그것이 그렇게 나쁜 것은 아니다. 왜냐하면 가설이 틀렸다는 것에 대한 증명은 사물이 갖는 다양한 해석과 내용의 일부분이 사라졌다는 것을 의미하며, 하나의 해결책이 실패로 돌아갔다는 것을 뜻하고, 그것은 마치 많은 풍선 중에서 하나가 터진 것과 같기 때문이다. 만약 정치가의 가설이 틀리다면, 사람들의 삶은 위험으로 내달리고, 반란이 일어나며, 기근이 넘치고, 굶어 죽지 않기 위해 사람들은 혁명을 일으킨다. 정치적 삶에서 환상적 활동은 도덕적 기반을 갖춘 힘에서 나올 때만 빛을 발한다. 그래야만 사람들에게 그리고 동시대인에게 공감(동조)을 얻을 수 있다. 그러나 이러한 정치적 아마추어리즘에 의해 실패가 일어난다면, 과학자들 사이에서 종종 일어나는 것과 마찬가지로, 그러한 활동 자체가 고통이 될 수도 있다. 이런 경우 나타나는 아마추어리즘은 정신적으로 깊이 성숙하지 않은 상태에서 감성이 부족하고 인간적인 공감을 얻지 못해 발생한다. 하나의 도시, 하나의 주, 하나의 국가에 살고 있는 사람들에게 필요한 물건과 재화를 적절히 공급하려면 정치가들은 준비된 환상을 불러일으킬 필요성이 있다. 인간은 누구나 살아 있는 동안 일상 안에서 자신이 맡은, 그리고 자신이 해야 할 일을 하고 있기 때문에, 삶에서 나오는 자신들의 슬픔, 고통, 인내 등을 표현한다. 그러기에 정치적인 환상 속에서 구체적이고 강제적인 필요성을 부여하여 이들이 삶을 계속하여 영위해 나가게끔 할 필요가 있는 것이다. 만일 삶의 구조가 극적인 전개를 가져오지 못하는 방식으로 이루어져 있다면, 국가가 아무리 자신들의 권력이나 능력으로 삶을 영위해야 할 필요성을 제시하고 삶을 조화롭게 할 수 있는 일반적이고 세부적인 대응과 조치들을 만들어보아야 별 필요가 없는 것이다. 삶의 과정 속에서 내가 어떤 행동을 할지가 결정되면,

행동으로 실행할 수 있게끔 하는 즉각적이고 자극적인 반응을 불러일으키는 것이 필요하며, 그러한 행동을 했을 때 초래될 반작용들 역시 예측할 필요가 있다. 정치인은 자신의 예측 능력의 범주에 따라 위대한 정치인과 인간이 될 수 있으며, 정당은 그러한 힘을 가진 정치인들의 숫자가 많을수록 강력해진다.

이탈리아에서 정부를 구성하는 정당들은 그 어느 정당도 위대한 인간들을 자유로이 동원할 수 없다. 위대한 사람이든 혹은 그저 평범한 사람이든 인간을 자유롭게 동원할 수 있는 위대한 정치인이 한 사람도 없는 것이다. 이탈리아 대중의 삶이 보여주는 효율성에 주목한다면 생각보다 악의적이고 자질이 부족한 정치인이 많으며, 이들은 실제로 정치적 감수성이 부족한 사람이다. 그런 사람이야말로 다분히 이탈리아적인 특징이 드러난 사람이다. 이 말은 문자 그대로 보기에는 다소 역설적인 주장처럼 보이지만, 실제로는 매우 깊이 있는 현실적 관찰이자 주장이다. 여기서 의미하는 그러한 역설과 대조는 지금의 이탈리아의 현실을 이야기하는 것이며, 이는 충분한 의미를 담고 있다. 유용한 예측일수록 더욱 현실과 밀접하게 연결되어 있다. 그것은 발생하는 모든 일이 준비된 작업에 따라 완성되어야 하며, 그러한 준비 작업 중에서 몇몇 가설들은 절대로 간과되어서는 안 되기 때문이다. 또한 지속적으로 제시될 가능성이 높은 가설들에 대하여 극적인 표현으로 나타내고자 하는 제안들을 순순히 받아들이지 않도록 할 필요가 있기 때문이다. 그러므로 이탈리아 정부, 이탈리아 정부 기관, 지방자치단체, 도시의 주요 기관은 현재까지도 예산에 대한 적절한 조치를 발표하지 않고 있으며, 그러한 조치들을 처음이나 중간에 폐기하거나 변경하지 않아도 된다는 확신을 하지 못하고 있다. 그렇게 되면 적절한 조치를 취하지도 못하면서 재정적 어려움을 더욱 악화시킬지도 모르기 때문이다. 결국 현재의 정부는 이러한 현실을 조화롭게 조정하거나 효율적으로 운영하지 못하고 있는데, 그것은 무엇보다 현실의 구성 요소들을 이상적으로 배치하고 조정할 능력 자체가 없기 때문이다. 이들은 일하면서도 고통 속에 죽어가는 사람들이 넘치는 이탈리아의 현실에 지독히도 무지했다. 정부와 정부 기관은 아마추어다. 그들은 이탈리아 국민에 대해 어떠한 연민이나 동정도 느끼지 못한다. 그들은 감상주의로 가득 찬 화려한 언변의 수사학자 같은 이들일 뿐 현실을 구체적으로 파악하거나 알고 있는 사람들이 아니다. 그러나 그들은 진정으로 덕德을 가져야 하며, 이탈리아 시민의 희생이라는 노력을 큰소리로 찬양하고 칭송하면서 이 시대가 무의미하게 되지 않도록 해야 할 의무가 있는 사람들이다.

정치권력을 장악한 정부와 지방 관료 및 시민은 대중을 몹시 무시한다. 그런 대중은 민주주의의 우상이라 할 수 있는 민중이 아닌 개인들의 집합으로 이루어졌다. 그들은 어리석은 우상을 사랑하고, 구성원 개개인을 고통스럽게 한다. 게다가 그들은 매우 잔인하다. 그들이 잔인한 것은 그들이 제시한 환상 탓에 고통이 생길 수 있다는 점을 전혀 생각하지 않기 때문이다. 그들은 타인의 고통이 어떻게 표현되는지를 알지 못한다. 그런 이유로 그들은 불필요할 정도로 잔인하다. 그들은 그러한 잔인함에 따른 첫 행동을 시작했는데, 그것은 바로 전쟁이었다. 그들은 전쟁으로부터 발생하는 심각함, 다시 말해 즉각적으로 나타나는 단기 효과와 먼 훗날 나타날 장기 효과의 세심함을 예상하지 않았다. 그들은 이탈리아가 국가를 운영하고 유지하기 위해 필요한 만큼의 자원을 생산할 수 없다는 점을 알고 있었다. 그들은 앞으로 닥칠 미래에는 가장 기본적인 식량인 빵 외에도 생필품이 부족하게 될 날이 오리라고는 전혀 예상하지 못했다. 그들이 그런 사실을 알아차렸을 때는 이미 너무 늦었다. 그러나 보다 중요한 것은 그것이 아니다. 그들은 여전히 미래의 상황에 대해 예상할 수 있을 것이며, 발생할 고통을 대중에게 비교적 공정하게 배분할 수도 있을 것이다. 그러나 그들은 그런 고통을 느끼지도 않았으며, 오히려 혼돈을 야기했다. 경제적으로 이미 많은 것을 갖고 있던 소수의 기득권에게 모든 재화가 더욱 집중되도록 방치했다. 게다가 얼마 남지 않았던 약간의 자원도 허무하게 사라지게 내버려두었다. 그들은 빵이 그저 그런 무의미한 것이라고 말했지만, 법령이 공표되자마자 희생자들은 그 법령이 잘못되었다는 사실을 금방 알아차렸다. 그런데 희생자들은 법령에 잘못이 있다는 사실을 깨달았는데, 어째서 그 법령을 공표한 책임자들은 알아채지 못했을까? 어째서 그들은 희생자들의 생각을 대표하지 못하고 있는 것일까? 어째서 그들은 희생자들이 있다는 사실을 알지 못하는 것일까? 그들은 부자들에게 자신들의 부를 버리라고 설교한다. 그들은 이 모든 사치스러움이 가난한 사람들의 고통이라고는 생각하지 않는다. 그들은 가스 사용 시간을 제한하는 법령을 공포했다. 그들은 단 두 시간 동안 제공되는 가스가 일하는 사람, 일을 하기 위해 영양분을 공급받아야 할 사람, 그리고 영양분을 공급받아야 일할 수 있는 사람이 식사를 준비하기에는 너무나 짧은 시간이 될 수 있다는 사실은 걱정조차 하지 않는다. 아침에 제공되는 두 시간의 가스 사용 시간은 어떻게 보면 식사 준비를 위해서는 너무나 긴 시간이지만, 전쟁 상황에서의 배급 상태를 감안한다면 그다지 무의미하다는 사실을 고려해야 한다. (…)* 왜냐하면 곡물이 있기는 하지만 나에게까지 배급 차례가 돌아오지 않을 것이기 때문이며, 비록 배급표를 가지고 있다 한들 음식이 부족하여 충분히 허기를 채울 수도 없기 때문이다. 또한 운 좋게 차례가 온다 해도 빵집은 이미 문을 닫았고, 아이에게 약을 먹일 때 필요한 설탕 같은 것들도 턱없이 부족하여, 아이들이 쓰디쓴 약을 그냥 삼켜야 할 정도로 모든 물자가 부족하다. 그런데도 한편에서는 전쟁 중에 군대에 공급할 마티니(이탈리아 술의 일종)를 계속해서 만들어낸다. 정부와 정치가들은 현실의 이러한 궁핍함을 모든 사람들을 위해서 필요한 최

* 네 줄과 4분의 1에 해당하는 분량이 검열로 삭제되었다.

소한의 궁핍한 현실로 조화롭게 만들어낼 수조차 없는 이들이다. 50명을 먹일 수 있는 음식이 있을 때, 비록 그것이 부족하더라도 적절하고 현명하게 배분한다면 100명이 나누어 살아갈 수 있다는 생각은 하지도 않는다. 〔…〕.*

1917년 4월 3일

---

* 스물일곱 줄이 검열로 삭제되었다.

상식의 전환

'선동적인'과 '선동'이라는 두 단어는 '(범죄 단체의) 우두머리들'과 사회주의 '선동자들'(삭제요망)의 활동에 치명적인 타격을 주기 위해 스스로 정당하다고 믿는 이들과 위선적인 경건주의자들이 지어내어 자주 사용하는 말이다. 타르투포Tartufo가 표현하고 있는 그럴듯한 언어적 감성과 표현에 따르면, 선동이라는 단어는 '활동'이라는 정확한 의미만을 가지고 있다. 다시 말해, 잠든 사람들을 깨우고 무관심한 사람들을 조직하고, 지금까지 살아온 삶과 사회적 투쟁에서 벗어나 있던 사람들에게 자유에 대해 그리고 무언가에 대해 참여하고 행동하려는 욕구를 자극하려는 사회주의자들의 선전을 의미한다.

결국 선동이라는 단어는 선전을 하는 하나의 방식(방법)이 아니라, 전체적인 측면에서 보면 하나의 확실한 선전 그 자체, 즉 사회주의자들이 이야기하는 (행동 욕구의 자극을 주는) 선전이다. 선동은 역사적으로 보면 가벼움, 천박함, 그리고 그 자체로 어떤 확실성을 쉽게 형성하고자 하는 경솔함을 나타내는 도덕적 판단이 아니라, 일종의 역사적 사실이라고 할 수 있다. 선동은 사회당의 천편일률적인 교육적 행동보다는 훨씬 주목할 만한 행동과 양상을 나타내는 이상적인 운동이자 움직임이다. 타르투포는 이와 같이 선동이 가지고 있는 사전적인 의미를 바꾸면서, 선동이라는 의미 안에 운명이라는 의미를 더하여 규정했다. 타르투포는 선동이라는 단어에 품격을 불어넣으면서 폭력 단원이라는 단어를 다시 활용하였다. 이제 시간이 조금 흐르게 되면, 다시 말해 사회주의 운동이 사회주의의 선의와 자유로운 과정이라는 의미를 언어적인 측면에서 각인시킬 수 있을 만큼 힘이 커질 때가 되면, 폭력 단원이라는 단어는 신사라는 의미로 탈바꿈하게 될 것이다. 이와는 반대로 선동이라는 단어는 진정한 정치와 선전 방식을 의미하는 것이라고 말할 수 있게 될 것이다. 그것은 좀 더 가시적인 외형을 가짐으로써 더 위선적으로 보이는 것이 아니라 현실에 입각한 진정한 정치와 선전 방식을 말한다.

현실에 입각한 진정한 정치와 선전 방식이 펼쳐질 그때가 오면, 우리는 선동이라는 단어가 갖는 옛 의미에 계속하여 새로운 의미를 더하여 선동 정치가들이 그렇게 변화된 의미의 단어를 적용하게 되는 날을 보게 될 것이다. 그들은 현실을 진실로 보이게끔 하는 논리와 언어를 선택하면서, 일종의 승리자처럼 보이도록 하기 위해 현재의 사실을 과학적으로 변형시키려는 의도를 가진 선동 정치가들이다. 그들은 바로 그때가 되면 그 단어를 사용하게 될 것이다. 그런 면에서 그들이 비록 진실로 성실한 이들은 아니겠지만, 지금의 찰나와도 같은 승리를 현실로 직시할 줄 아는 이들이기도 하다.

우리는 그들을 선동 정치가들이라고 부르는데, 그것은 우리가 보통 군납업자들을 '상어들'이라 곧잘 부르기 때문이다. 이들 상어들 몇 명이 우리 신문에 자신들의 광고를 싣는 조건으로 2,000리라를 지불한 사실이 계기가 되어, 그들은 우리에게 주목할 만한 대상이 되었다. 우리는 '선동 정치가들'이다. 왜냐하면 우리는 사회에 유용한 비평을 통해 우리의 가치가 내팽개쳐지지 않도록 선동했기 때문이다. 우리의 선동은 결국 승리할 수 있었다. 우리는 선동 정치가들이다. 왜냐하면 우리는 결코 시정잡배와 같은 깡패들이 아니며, 오해를 불러일으킬 수 있게 사실을 왜곡해서 사람들을 혼란에 빠뜨리려 하지 않기 때문이다. 그런 이유 때문에 우리는 자유롭게 이루어진 2,000리라의 광고료 계약으로 인해 우리 신문이 그런 광고료를 받는 부끄러운 신문이라는 사실을 부정하거나 부끄러워할 필요가 없다. 게다가 우리는 다른 광고를 싣고자 하는 공급자들에게 동시에 자유로운 경쟁을 벌이도록 했기에 더더욱 부끄럽지 않다. 계약 과정에서 우리는 그들에게 자신들의 벌이가 얼마나 부끄럽고 부당한 짓인지를 납득하게 하였고, '상어들'이라는 악명을 얻게 되었다는 사실도 납득시켰다. 여기서 의미하는 상어들이란 자신들이 사회에서 필요불가결한 존재라는 점을 악용하고, 공공의 수익을 강탈하기 위해 경쟁이라는 절차도 없이 자신들의 지위를 악용하는 이들을 말한다. 또한 돈벌이에 적합한 전쟁이라는 시기를 악용하여, 몇몇 운 좋은 사람들을 연금생활자가 될 수 있게 조작하고, 갑작스런 부의 축적을 가능하게 하는 가격 조작 등의 방법을 써서 자신들이 전시에 필수불가결한 존재라는 점을 악용하는 이들을 지칭한다. 그렇지만 우리가 선동정치가들인 이유는 단순하다. 그것은 우리가 위선적인 겉모습에 따라 활동하지 않으며, 단지 순간적이고 즉각적인 이익 발생의 기준에 따라 판단하는 이들이 아니기 때문이다. 우리는 다른 사람들을 잘살게 만드는 데 탁월한 능력이 있는 장인들이자 매우 진지한 사람들이다. 이는 우리가 부정직하고 사회를 매우 불안하게 하는 선동가들이라는 현 자유주의 정부 체제가 전파한 상식을 전복한다. 따라서 현재의 지배자들이 주장하고 있는 선동이란 단어에는 기존 이탈리아어 사전에 담겨 있는 의미들에 다른 뜻을 첨가하여 원래의 의미에서 변형된 조작과 위선에 불과할 뿐이다.

1917년 10월 10일

구호는 권리지, 선물이 아니다

이탈리아는 전형적으로 손님 접대(환대)를 잘하는 나라다. 이탈리아 사람들 모두는 대성당이 베푸는 자비보다 훨씬 자애롭다. 슬픈 장면을 보면 눈물을 흘릴 정도로 마음이 몹시 여린 사람들이다. 아무리 심한 빈곤에도 '덕담'이라는 선물을 거리낌 없이 제공한다. 그러나 성경의 복음 정신은 사심 없고 시민적인 문명조직의 형태나 사회적 연대라는 현대적 정신을 담은 시대정신의 형태로 변하는 데 성공하지 못했다. 성경의 복음 정신은 순수한 외재성과 불필요하고 어리석은 겉치장만을 가진 형태로만 남았다. 몇 푼 안 되는 기부자들의 돈으로 운영되는 사회적 연대 기구들은 성직자와 불화를 일으키는 기구에 불과할 뿐이다. 집단 연민의 유기적인 기구이자 단체여야 할 병원은 책임자도 아닌 사람들에게 휘둘린다. 그런 사람들은 그저 당파적이고 불관용적인 정신을 가진 이들일 뿐이다. 병원이라는 시설이 갖는 사회적인 목적에 맞는 기능과 역할을 수행하면서 천부인권이 제대로 작동하지 못하게 하려는 사람들일 뿐이다.

우리는 종종 병원에 입원하면서 그곳에서 휴식과 평온을 찾을 수 있으리라 믿었던 환자들이 쓴 읽기 거북한 편지들을 받아본다. 병에 걸려 일을 포기한 환자들은 자신들의 병이 사회에 확산될 위험에 대해 잘 알고 있기에 공중보건을 위해 입원한다. 그들은 정말로 병원이 환자들의 집과 같으며, 병원에서는 환자에게 시민으로서 과거의 활동을 잊으라고 환자에게 요구하지 않아야만 한다고 믿는 사람들이다. 그러나 현실에서는 달랐다. 환자는 그저 병을 가진 사람이라는 사실만이 있고, 이에 따라 환자에게 필요한 것은 선택적인 구호와 치료뿐이라고 의사들은 믿고 있다. 환자들은 의사에 대해 맡은 업무에 따라 치료의 대가인 임금을 받으면서, 임금 제공의 원인자인 환자들 앞에서 전문적인 직업의식과 직무를 다하는 사심 없는 사람이라고 생각한다. 또한 간호사들이란 자신들의 직무 수행을 위해 스스로의 사명으로 선택하여 착용하고 있는 간호사복으로 인해 자신들이 여성이라는 사실마저 잊어버렸을지도 모른다고 생각할 만큼 자신들의 직무와 직분에 충실할 것이라고 환자들은 믿었다. 그러나 그러한 생각과 기대는 완전히 어긋났다. … 환자가 갖고 있는 질병은 의사와 간호사가 고민하고 걱정하는 것 중에서 가장 낮은 수준의 관심거리였다. 그들에게 중요한 것은 육체의 병을 치료하는 것보다 의식을 치유하는 방법이었다. 정신이 육체에 우선한다 여기기 때문이다. 환자는 병원에 들어가는 것이 아니라 수도원에 들어간 것이다. 병원은 수도원에서의 규칙을 환자에게 강요한다. 병든 이는 '우월한 지위의 상사들'이 좋아하는 신문들도 읽을 수 없게 된다. 아주 사소한 지침과 지적들로 인해 환자의 신경 조직은 탈진되거나 스트레스를 받게 된다. 아무런 일도 하지 않고 지내는 날들이 길어지면서, 환자들은 반복되는 고통 속에서 지속적으로 비난과 아픔이 일어나는 상황 아래 노출되는 것이다. 어떤 병은 살과 피를 소진하기도 하지만, 때때로 어떤 병은 뇌에 일어나 환각, 다시 말해 종종 환상적인 명료함을 주기도 한다. 그런 경우 간혹 환자는 돌발적으로 발생하는 예민한 감정과 감각을 획득하기도 한다. 환자는 자신이 처한 모든 불행한 고통을 감내한다. 병상을 관리하고 담당하는 사람들은 그들을 차갑고 냉정하게 대하면서, 불쌍하다는 듯이 쳐다보며 지나간다. 그런 행동들에 환자는 자신의 불행을 더 크게 느낀다. 환자는 그들에 대해 아무런 불평도 하지 않고, 실제로 아무것도 요구하지 않는데도 말이다. 인간 권리의 하나인 구호는 이 경우 하늘의 선물 혹은 굴욕적인 자비로 변질될 수도 있다. 이것은 아무도 통제할 수 없으며, 어느 누구도 병원에 고용된 이들에게 그들의 의무—비록 그것이 관료적일지라도—를 완수하라고 강요할 수도 없다. 더군다나 그들 중 한 사람이 충분한 예의를 갖추었고, 매우 인간적인 심성을 갖추었다 해도, 만약 그가 자신의 의무를 수행하고 싶지 않다고 하면 그 일을 강요할 수도 없다. 그렇게 되면

기부자들이 공공 의료와 불행한 사람들을 위해 연대 책임의 의무감을 갖고 기부하여 환자들을 치유하라고 한 재정 지원의 의도가 변질되어 불순한 몇몇 이들에 의해 방향을 상실하게 된다. 사정이 이럴진대 어떤 정부 책임 기관은 이를 예상하여 통제하려고 하지 않는다. 일말의 책임감도 없는 파렴치한 사람들 몇몇은 병원들이 저지른 이러한 무책임에 대한 죗값을 피할 수 있도록 하는 결정을 내리기까지 한다. 게다가 이러한 사태를 초래하게 된 그 어떤 부정이나 부패와도 무관한 이들, 단순히 병을 얻은 불행한 사람들조차 거리로 내팽개쳐지도록 방치하기도 한다. 이 상황에서 오직 노동자 조직만이 그들의 활동에 책임감을 느끼고, 희생적인 봉사 정신으로 묵묵히 역할을 수행하고 있다.

그러나 여전히 그러한 화려한 겉모습 뒤에 존재하는 어둡고 부정적인 문제는 해결되지 않았다. 병원은 병자들을 맞이하는 현실 조직이지만, 아직 병원이라는 조직의 본질적 역할과 목적을 구현할 수 있는 민주적 기관은 되지 못했다. 이럴 경우 환자를 맞는다는 것은 그저 무의미한 일일 뿐이며, 병원은 단지 슬픔의 탄식만이 남은 장소가 되며, 시민들과의 사회적 연대와 지속성이라는 장점을 전혀 가질 수 없는 무의미한 환대만 남는다.

1918년 1월 7일

피아트 노동자들

피아트사의 노동자들이 작업장으로 돌아왔다. 그런 상황은 배신일까? 혹은 혁명적 사상을 부정하는 일일까? 피아트 노동자들은 살과 뼈로 이루어진 사람들이다. 그들은 한 달간 저항했다. 그들은 자기 자신만이 아니라 남아 있는 모든 토리노 노동자 대중을 위해, 그리고 모든 이탈리아 노동자 계급을 위해 싸우고 저항했다.

피아트 노동자들은 한 달 동안 경영자와 지배계급에 저항했다. 그들은 육체적으로 지쳐 있었다. 수개월 전부터 임금이 삭감되어 가족을 부양하기도 어려웠으며, 한 달 동안 심신이 무너질 정도로 격렬하게 저항했다. 그들은 국가에 의해 완전히 고립되었으며, 국민들의 무관심 속에서 피곤한 몸으로 육체적인 투쟁을 벌였으며, 그다지 유리하지 않은 환경에서도 무려 한 달 동안이나 저항했다.

피아트 노동자들은 외부로부터 어떤 도움도 바랄 수 없다는 것을 잘 알고 있었다. 그들은 저항 기간 당시 이탈리아 노동자 계급의 (아킬레스)건이 잘려나갔다는 것을 알았으며, 패배할 것이라는 점도 미리 알았다. 그럼에도 그들은 한 달이나 치열하게 저항했다. 피아트 노동자들의 패배에는 한 점의 부끄러움도 없다. '그저 살아남기만 할 것인가? 아니면 인간으로서 자신의 존재를 주장할 것인가?'라는 가장 힘든 선택이라는 진퇴양난에 빠진 사람들에게 더 이상의 투쟁을 요구할 수는 없었다. 노동자들은 4만 명이나 되는 가족의 생계를 책임져야 하는 이들이기에, 그들에게 이번 사태에 대한 책임을 더는 물을 수는 없다. 그들은 가족들을 위해서 더 이상의 저항이 무의미하다는 사실을 깨달았고, 비통한 마음으로 자신들의 일터인 작업장으로 돌아간 동료들에게 그 어떤 것도 요구할 수 없었다.

특히 우리 공산주의자들은 노동자들과 가까이 살고 있으며, 그들이 무엇을 필요로 하는지 잘 알고 그들의 상황도 충분히 이해하고 있다. 따라서 토리노 투쟁이 가져온 이러한 원하지 않은 결과의 원인에 대해 분명하게 파악해야 한다.

오래전부터 많은 사람들이 투쟁해왔고, 오래전부터 그들은 자신들의 투쟁 방법 탓에 기력을 소진했다. 지나칠 정도로 세세한 행동을 통해 스스로를 탈진시켜왔다. 이것이 1919년 5월 이후부터 《신질서Ordine Nuovo》를 담당하고 있던 우리가 노동과 사회주의 운동의 중심에서 끊임없이 벗어나 있었다는 비난의 핵심이었다. 이러한 프롤레타리아의 저항과 희생의 미덕을 악용해선 안

된다. 그것은 길을 지나다가 선술집에 들려 술을 마시거나, 광장에 모여 대화를 나누면서 추위와 허기를 느끼는 보통 사람들의 아픔을 모르는 일이다. 이는 집에서 아이들이 울거나, 부인들이 가슴을 찌르는 불평불만을 늘어놓으면 주체할 수 없이 마음이 흔들리는 보통 사람들이자 지금의 현실을 살고 있는 우리들에 대한 이야기이기 때문이다.

우리가 혁명을 긍정적으로 생각하는 것은 항상 인간 현실이 보여주는 참혹할 정도의 비정한 최악의 상황을 넘어설 수 있는 구체적인 상황을 예상할 수 있기 때문이다. 그러한 전망에서 좀 더 냉정하게 고려해야 할 것이 있다. 〔…〕 1년 전 이미 공장의 책임자였던 경영자들이 혁명을 억누르면서, 상황을 지속적으로 살피고 용의주도하게 호전시키려는 전략을 기획했을 때, 우리는 이탈리아에서 일어나고 있던 상황과 사태를 완전히 종식시킬 방안에 대해 논의했다. 우리는 이러한 방안이 더욱 현실적인 비전으로 승화되고, 미래에 전개될 사건과 상황에 보다 적절하고 적합한 실제적인 해결책을 담당할 수 있는 합당한 책임자들을 소명하기 위해 죽기 살기로 투쟁했다.

오늘날 우리는 타인의 무능함을 방치하고, 현실을 외면하고 주변 상황과 사회 부조리에 눈감은 잘못에 대한 죗값을 치르고 있다. 더군다나 오늘의 토리노 노동자들은 국민들과 시민들이 더 이상 부조리와 불합리한 사회와 국가에 저항하지 않으려는 경향이 더욱 고착화되는 과정에서 적의 공격을 어떻게든 견뎌야 하는 어려움에 처해 있다. 피아트 노동자들의 패배는 전혀 부끄러운 것이 아니다. 일어날 일은 언제 어디선가 꼭 일어나게 되어 있다. 이탈리아 노동자 계급은 자본주의 탄압과 대응 전술에 눌려 세력이 위축되었다. 얼마나 그래야 할까? 만약 우리에게 의식과 믿음(신뢰)이 손상되지 않은 채 남아 있다면, 또 몸은 비록 항복했을지라도 정신이 온전하다면, 실제로 우리가 잃은 것은 아무것도 없는 것이다.

피아트 노동자들은 수년 동안 지속적으로 인내심을 갖고 투쟁했다. 그들은 자신들의 피가 거리를 뒤덮었음에도 추위와 허기를 견디며 싸웠다. 그들은 이러한 영광스러운 과거 때문에 이탈리아 노동자들의 발전과 전진의 최선봉에 서게 되었으며, 혁명에 헌신하는 충성스러운 병사로 남게 되었다. 그들은 뼈와 살로 만들어진 인간이 할 수 있는 모든 것을 했다. 그들의 굴욕적인 패배 앞에 우리는 존경을 표한다. 왜냐하면 비록 그 패배가 굴욕적일지라도 진실하고 정직한 사람들에게 경의를 표하게끔 하는 위대한 무언가가 우리 가슴속에 남아 있기 때문이다.

1921년 5월 8일

2장

정치와
정치인

Odio gli indifferenti

미래를 위한 요약

1

어떤 진실을 얻기 위해 노력한 뒤 보이는 결과는 그 자체만으로도 어느 정도는 진실처럼 보인다. 이는 비록 기존 내용에 새로운 내용이나 사실이 더해지거나, 노력한 이의 개인적인 취향이 조금이라도 덧붙여지지 않았을지라도 그것이 진리처럼 보일 수 있다는 의미이다. 바로 이 점 때문에 사람들은 무의식적으로 그것을 있는 그대로의 진리로 수용하곤 한다. 또한 자신이 충분히 냉정하다고 믿기 때문에 잠시 감정에 빠져서 열광한다 할지라도 스스로 통제할 수 있다고 믿는다. 그러나 그러한 판단이 종종 잘못됐다는 것이 드러나 실망에 빠지기도 한다. 오! 동지들이여, 우리는 이런 일을 절망적으로 되풀이한다. 콜럼버스의 달걀은 자네의 달걀이었다. 그러나 내게 콜럼버스의 달걀을 발견한 사람이 누구인가는 중요하지 않다. 사람들을 웃기기도 하지만 아무런 생각 없이 멍한 상태로 빠져들게 만드는 능수능란한 말장난, 재치 있어 보이는 언어유희 그리고 아슬아슬한 말의 곡예를 만들어내기 위해 나의 지성을 엉클어뜨리는 것보다는 이미 알고 있는 진실을 반복하여 강조하는 방법으로 평이하게 이야기하는 것을 나는 더 좋아한다.

서민적인 채소 요리는 항상 더 영양가가 높고 식욕을 돋우는 수프와도 같다. 왜냐하면 채소 요리는 우리 주변에서 자주 볼 수 있는 콩 같은 흔한 채소로 만들기 때문이다. 그래서 나는 화려하고 비싼 요리를 먹는 사람들보다 자신들의 의지를 담아 자신의 몸과 마음속에 다가올 미래를 그리면서 차분히 준비하고 있는 사람들이 커다란 수저로 서민적인 채소 요리를 한 숟가락 떠서 삼키는 모습을 보는 게 좋다. 이들은 그런 서민적인 식생활을 통해 위액을 분비시켜 소화를 하고, 보다 활발하게 활동함으로써 미래를 준비한다. 가장 세심하고 잘 다져진 진실은 결코 자주 그리고 빈번하게 반복되지 않는다. 왜냐하면 그러한 진실은 모든 사람들도 잘 작동할 수 있는 원칙과 자극으로 작용할 가능성이 매우 높기 때문이다.

2

자신의 의견에 반대하는 사람과 논쟁을 벌일 때, 그의 입장에서 자신의 행동을 한 번 더 생각해보길 권한다. 그러면 상대를 더 잘 이해하게 될 것이고, 어쩌면 그가 조금이나마 더 옳았을지도 모른다는 생각을 하게 될 것이다. 나는 오랫동안 이러한 현자들의 충고를 따랐다. 그러나 나는 나를 반대하는 이들의 견해가 종종 너무나 부적절해 결국 다음과 같은 결론에 도달하였다. 때때로 그다지 바람직하지 않지만, 아무것도 하지 않은 채 있는 것이 실신할 정도로 역겨운 것을 다시 시도하는 것보다는 낫다는 생각이다.

3

소위 지식인이라고 하는 많은 사람이 사회주의로부터 이탈하는 현상을(지식인이라는 것이 반드시 지성이 있다는 것을 의미하는 것일까?) 멍청한 사람들은 사회주의 사상의 도덕적 빈곤함을 나타내는 가장 좋은 증거라고 믿는다. 그러나 실증주의, 민족주의, 미래주의, 그리고 다른 모든 사상에서도 이와 비슷한 현상들이 나타나거나 발생하는 것도 엄연한 사실이다. 이런 경우 항상 일정한 정지된 시점(휴지기)에 위기의 순간과 오염된 정신이 등장한다. 그러한 것들은 이를 추종하는 이들에게 하나의 이상으로 비칠 수 있는 외형을 갖춘 채 첫 번째 사상으로 포장되어 나타난다. 만약 그렇지 않더라도 그런 양상을 향해 많은 노력이 지속되고, 다른 사상적인 자양분들이 공급되면서 세력을 키워나간다. 첫 번째 사상은 그러한 노력의 마지막 순간에 도달하게 되지만, 만약 그 순간이 아직 완벽하지 않다고 인식하면 해결책(그나마 존재하는지 알 수 없다)이 제시된다. 그러나 그것이 이데올로기적인 측면에서는 여전히 본질에서 벗어나 있다는(그러나 어쩌면 더 높은 단계에 있는 조화로운 해결책이 있을지 모른다) 사실은 문제로 남는다. 그런데 그렇게 제시되는 해결책은 진실일 수 있는 다른 사실로부터 만들어질 수 있는데, 그것은 미지의 상태(익명)로 나타나서 부족함을 채울 새로운 가능성을 보여줄 수도 있다(그러나 이것은 여전히 낮은 정신적 수준과 결국에는 빈약한 재능을 지닌 일시적 효력에 불과하다). 사람들은 항상 자기 이외의 여러 조건과 상황에서 자신이 정신적으로 실패한 이유를 찾는다. 사람들은 그러한 실패의 원인이 자신에게 있으며, 자신들의 오염된 정신상태, 즉 부족한 마음가짐과 지성 때문이라는 사실을 인정하고 싶어 하지 않는다. 그저 어설프게 무언가를 맹목적으로 믿는 사람들이 있는데, 그것은 마치 무언가를 어설프게 알고 있는 사람들 같다.

이는 다양한 주장들 중에서 가장 나은 사례다. 많은 사람들이 이야기하는 의식의 위기는 단지 지금 만기가 지난 당좌수표나, 새로운 통장을 개설하고자 하는 물적인 욕구에 불과한 것이라는 사실이다.

4

유럽 사회주의의 가장 나쁜 사례가 이탈리아에 있다고들 한다. 그리고 또한 이탈리아가 그럴 만한 사회주의를 가졌다고 이야기한다.

5

진보라는 현상은 일반적으로 많은 개인들이 하나의 정의로운 행동에 참여하는 것만으로는 이루어지지 않는다. 에고이즘(자기중심주의, 이기주의)은 한 개인의 욕구와 필요를 따르는 집단주의와 다르지 않다. 집단주의는 전 세계 모든 프롤레타리아의 에고이즘이다. 유약한 인도주의자들이 이 단어에 부여하는 의미에서 본다면 프롤레타리아는 분명 이타주의자는 아니다. 그러나 프롤레타리아의 에고이즘은 내용적인 측면에서는 좀 더 품격이 높아졌다. 그것은 프롤레타리아 계급에 속한 모든 개인이 동시대에 프롤레타리아를 만족시키지 못한다면, 프롤레타리아가 구성원인 다른 프롤레타리아를 만족시키는 것 역시 불가능하다는 사실을 인식하게 되기 때문이다. 이런 이유로 프롤레타리아의 에고이즘은 즉각적으로 계급적 연대를 만들어낸다.

6

사회주의자들이 창조하고 있던 미래 사회가 군중에게 단순히 좋은 신화에 불과했다고 말한 그 순간 사회주의는 사망한 것이라고 사람들은 이야기한다. 나 역시 신화는 무無의 상태에서 해체된다고 믿는다. 그렇다고 그것이 불필요한 것은 아니다. 무에서의 해체는 분명 필요하다. 그러나 신화는 여전히 과학적인 미신이 살아 있을 때 형성되어 발생한다. 그것은 신화에 동반된 모든 이야기에 과학적인 성격이 부여됨으로써 맹목적 믿음을 가졌던 그러한 시기에 발생하였다. 이러한 사회가 제시한 모델은 철학적 실증주의의, 과학적 철학의 공리公理(일반적으로 통용되는 이론과 논리)였다. 그러나 이 개념은 과학적이지도 않으며 그저 무미건조하게 제시된 기계적 개념일 뿐이었다. 이러한 실증적인 예는 클라우디오 트레베스Claudio Treves의 이론적인 점진주의 안에서 변색된 기억으로 남아 있다(그러나《사회적 비평Critica sociale》역시 더 이상 과학적인 사회주의 잡지라고 부르지 않는다). 실증주의적인 운명론(숙명론)의 말장난에 불과한 트레베스의 이론적 점진주의는 인간과 인간 의지로부터 격리된 추상적 사회주의 에너지라는 개념이 그 자체를 결정하는 요인이라고 주장하고 있다. 이 개념은 그야말로 이해 불가능하면서도 불합리한 개념으로 사회주의적 에너지라는 말 자체의 모호성을 그대로 드러내고 있다. 그것은 무미건조한 신비주의의 한 형태이며, 아무런 열정도 담겨 있지 않은 채 고통으로 가득 찬 추상적인 언어일 뿐이다. 이것은 삶의 도식적이면서도 쓸모없는 종이쪽지에 불과한 전망일 뿐이다. 그저 모든 것을 통합하자는 주장이거나 단순한 수사적 효과를 강조한 것으로, 다원주의적인 속성을 표현한 것으로 보이지 않았다. 인간의 통합성은 총체적인 것이다. 총체적인 것을 보는 통합적인 사람에게 삶은 그저 속절없이 추락하는 것으로, 멀리서 바라보는 눈사태와 같은 것이다. 내가 그렇게 추락하는 삶을 막아낼 수 있을까? 호문쿨루스homunculus(라틴어로 작은 사람이라는 의미로 아마도 평범한 사람을 의미하는 것으로 보인다)는 스스로에게 묻는다.

삶은 어떤 개별적인 의지에 따라 움직이지 않는다. 왜냐하면 인간 군집은 특정한 방향을 가진 총체적인 논리를 따르게 되는데, 그것은 각각의 경우마다 개인의 논리일 수는 없으며, 나 스스로 그것을 멈추게 하거나 거기서 벗어날 힘을 갖고 있지도 않다. 나는 그것이 특정한 내부적 논리를 갖고 있지는 않겠지만, 깨트릴 수 없는 자연의 법칙들에는 순응하고 있다고 믿는다.

말이 많았던 과학의 패배가 일어났다. 좀 더 자세히 이야기하자면, 과학은 자신에게 주어진 유일한 과제 하나만을 해결하는 데 집중하는 한계를 나타냈다고 이야기하는 편이 나을 것이다. 과학은 제시된 추론에 대한 맹목적 믿음을 주는 데 실패했고, 그리하여 과학으로 인해 강력하게 일어날 수 있었던 신화를 추락시키는 데 기여하게 되었다. 그러나 역설적으로 이 덕분에 프롤레타리아는 더욱더 다시 태어날 수 있었다. 사회주의에 대한 그리고 민주주의에 대한 프롤레타리아의 확신을 고사시킬 만한 명백한 패배나 실망은 존재하지 않았다. 그것은 마치 아무리 매서운 서리라 할지라도 생명을 유지하는 데 반드시 필요한 수분이 가득 찬 맹아를 얼어 죽게 하거나 파괴할 수 없는 것과 마찬가지다. 프롤레타리아는 자신이 가지고 있는 역량과 힘에 대해 여러 차례 고민하였으며, 궁극적으로 프롤레타리아의 최종 목적을 이루기 위해 얼마나 많은 역량과 힘이 필요한 것인가에 대해 고민했다. 현실에서 맞닥뜨리고 있는 대부분의 어려움에 대한 인식과 고민을 통해서, 그리고 목적 달성을 위해 해야 한다고 느끼는 희생을 통해 자신의 역량과 힘을 상당히 향상시켰다. 이러한 발전은 프롤레타리아 의식의 내면화 과정에서 발생한 것이다. 다시 말해, 역사의 요소가 외부에서 내부로 자리를 옮겨 이동하는 과정에서 발생한 것이다. 이러한 과정은 항상 힘이 강화되고 확장되는 시기에 발생하게 된다. 그것은 자연법칙이며, 허위의식을 가진 과학자들이 사물에 대해 숙명적으로 수용하는 방식으로 대체되었다. 그것이 바로 인간의 집요한 의지라고 볼 수 있다.

사회주의는 절대 죽지 않는다. 왜냐하면 선한 의지를 가진 사람들은 결코 사회주의 때문에 죽거나 무너지지 않기 때문이다.

7

사람들은 단지 민주적인 가치의 양적인 척도일 뿐, 혁명적 가치가 아닐 수 있는 수(양으로 표시되는)의 가치에 대해 조롱했으며, 지금도 여전히 조롱하고 있다. 수치는 그저 도표 혹은 용지나 목록에 기록하는 숫자일 뿐, 그 자체로 큰 장애물이나 장벽은 아니다. 그러나 군중은 그 숫자를 새로운 신화를 창조하는 데 사용하였다. 그것은 보편성을 가진 신화, 특권의 버팀목 위에 세워진 부르주아 도시를 사라지게 할 수 있는 신화, 아무도 저항할 수 없이 요란하게 솟구칠 바닷속의 신화이다. 숫자, 군중(독일, 프랑스, 미국, 이탈리아에서 매년 그 숫자가 늘어난다)은 개개인이 발전하고 성숙하게 하는 굉장한 어떤 것이 된다. 다시 말해 모든 나라, 모든 정당, 모든 분파, 모든 그룹, 모든 개인이 하나의 분자로서 구성된 군중이 되고, 그러한 거대한 군중에 참여함으로써 그것이 집합적인 의미에서 강한 신념이 되었다. 그러한 구성 분자는 세상의 사회주의적 집합과 집단 전체를 모두 풍요롭게 하면서 순환하는 생명수와 같아서 그 몸통에 생명력을 제공하여 회복시키는 역할을 한다. 태평양에서 헤엄치는 수많은 원생동물은 해저에 거대한 산호 군락을 만든다. 지진은 그런 산호 군락을 피어나게 하고, 새로운 대륙은 그렇게 만들어진다. 광대한 세상에 흩어져 있는 수백만의 사회주의 분자들 역시 새로운 대륙을 건설하기 위해 열심히 노력하고 있다. 마치 해저에서 새로운 지진이(발생하는 것처럼 말이다) [⋯].*

8

이미 전통적으로 오랫동안 지지와 참여 의사를 가지고 기존의 틀 속에서 안정적으로 정착된 정당에 소속된 사람보다 단 한 번도 정치에 참여하지 않았던 사람을 정치에 참여하도록 설득하는 게 더 쉽다. 전통이 인간 정신에 끼치는 영향력은 거대하다. 성직자와 자유주의자가 사회주의자가 될 것인지 아닌지를 결정하는 순간은 찰나에 폭발하는 폭약과도 같다. 순간적인 결정이 사회주의 단체에는 치명적인 효과를 가져올 수도 있기 때문이다. 농촌 사람들의 순수한 정신은, 특히 어떤 사실이 진실이라고 확

* 두 줄가량 검열로 삭제되었다.

신하는 순간에 진실을 위해 희생하고 실현시키기 위해 자신이 할 수 있는 모든 것을 한다. 신념을 바꾼 사람은 상대주의자라고 할 수 있다. 그는 자신의 행동과 방향을 선택하면서 자신이 얼마나 쉽게 틀릴 수 있는지 한 번쯤 경험한 사람이다. 따라서 그에게는 깊은 회의론이 남아 있다. 회의론자는 행동하는 데 필요한 용기를 가지고 있는 사람이 아니다.

나는 대학 교수보다 농부가 사회운동에 참여하는 것이 더 좋다고 생각한다. 그것은 대학 교수만큼 농부 역시 많은 경험과 사고의 지평을 확장하려고 노력하기 때문이며, 농부 자신의 희생과 행동은 미래에 실현될 수 있을 만큼의 충분한 유익함과 효율성이 있기 때문이다.

9

우리는 다가올 미래를 더욱 앞당겨 실현해야 한다. 이러한 사명은 특히 사회주의 대중에게 더욱 많이 요구되었다. 그렇다면 무엇이 다가올 미래인가? 그것은 정말 구체적인 무엇으로서 존재하고 있는가? 미래는 사회 환경을 이미 변화시켰듯이, 오늘의 의지를 미래에 전망하는 것에 불과하다. 그러므로 미래를 더욱 앞당겨 실현해야 한다는 것은 두 가지를 의미한다. 우선 이러한 의지를 미래지향적인 것으로 되게 하는 데 필요하다고 인정할 만큼의 사람들에게 영향을 미쳐 이러한 의지가 확장되는 데 성공해야 한다. 이것은 양적인 진보라고 할 것이다. 두 번째는 양적 진보 이후에 이러한 매우 강한 의지를 1=1,000,000(한 명이 100만 명과 같은 의지를 가진 것이라는 등식)과 같은 방정식이 가능할 정도의 수준으로 현실에서 실현 가능한 수치로 구체화하는 데 성공해야 할 것이다. 이것을 우리는 질적인 진보라고 할 것이다. 스스로의 정신을 열광적으로 분출시키고, 그 속에서 무수히 번쩍거리는 재치와 창조성을 보여주는 것이다. 즉 필요한 모든 것을 〔…〕.* 하나보다는 그 반이 될 수 있도록 기다리는 것(온전하지는 않지만 그래도 최소한의 필요한 만큼이 된다면)은 사람들이 사회주의의 때를 기다리는 다소 소극적이고 소심한 정신을 가질 필요가 있다는 사실을 의미한다. 그것은 마치 지난번 신문에서 보았듯이 두 명의 장관이 연서(이미 다른 사람이 서명한 문서를 상급자가 이어서 서명하는 것)하여 공포된 칙령에 따라 때를 기다리는 것과 같은 이치다.

1917년 2월 11일

---

* 몇몇 단어가 검열로 삭제되었다.

모든 것이 잘되어간다

이 세상에 얼마나 많은 몽상가들이 있는가?

외교계의 몽상가들은 자신들이 위대한 일을 할 수 있도록 사람들이 자신들을 내버려두어야 한다고 생각한다. 이들은 단지 자신들이 위대한 분위기를 조성할 수 있다고 믿기 때문이다.

정치계의 몽상가들은—《피가로》에서 계산한 바와 같이—자신들이 무지한 것을 아는 것처럼 그리고 알고 있는 것처럼 보이도록 하는 이들이다. 그들은 저널에 실린 기사에 대해 철두철미하게 숙고하지 않으려고 자신들을 스스로의 생각 안에 가두는 이들이다. 그들은 그저 공허한 것들에 대해서도 의미를 부여하고 그에 맞추어 행동하려고 하는 이들이다. 또한 목적의 고귀함이라는 명목 아래 수단의 천박함을 숨기려고 하고, 자신들을 배신하는 이들은 철저하게 응징하거나 사실을 호도하는 행동을 서슴지 않는 이들이다.

집무실에서 무언가를 짜는 전략가 그룹의 몽상가들은 대부분 군인이 해당하는데, 그것은 그들이 항상 전선에서 멀리 떨어져 후방의 안락함을 누리면서 전장의 실상은 모르는 채 비현실적인 것만을 보는 사람들이기 때문이다.

정부의 검열가들 중 몽상가들은 있는 그대로의 사실 자체를 백지화해서 사건(혹은 사실)들을 아예 없었던 일로 만들어버린다.

사건을 종결하는 이들 중 몽상가들은 모든 일들이 그다지 잘되고 있지 않음에도 모든 일이 잘된다고 외치는 이들이다.

국수주의 거간꾼들 중 몽상가들은 보다 안전한 후방 전선의 참호에서 영웅적으로 소리치고 격려하면서, 진정한 군인의 모습에 대해 스스럼없이 이야기하면서 진정한 군인이란 바로 우리(자신들)라고 말하는 이들이다.

민주적인 반동주의자들 중 몽상가들은 법령을 통해 사회통합적인 행동을 무효로 만들려는 이들로, 마치 바다를 준엄하게 꾸짖으면서 이를 응징하기 위해 바다를 징벌하겠다는 환상을 가진 정신착란자들과 유사한 이들이다.

[그러나 만약 무대 위에 그런 몽상가들이 한꺼번에 몰려든다면, 무대 앞좌석에 앉은 이들은 그런 환상가들의 모습을 통해 실체를 보게 되면서 그동안 가졌던 환상을 잃을 것이며, 사회통합과 개혁을 원하는 일반 관람객은 미소를 지을 것이다.]

1917년 10월 13일

경솔한 언동에는 어떠한 인내도 없다

비타협이란 목적에 합당하지 않은 수단과 목적에 어긋나는 다른 성향의 수단을 채택하는 것을—그것이 목적을 달성하기 위한 것이라도—허용하지 않는 것이다.

비타협이라는 것은 특징을 나타내는 데 필요한 호칭(주술)과도 같은 것이다. 그것은 마치 생생한 사회 조직으로 존재하는 결정적인 집합체가 그 목적이자 유일한 의지이며, 성숙한 사고라는 사실을 증명하는 유일한 증거이다. 이런 이유로 비타협은 모든 개별적인 구성 요소들이 전체와 일관성 있게 결속되어야 하며, 사회적 삶의 매 순간 이미 조화롭게 기반을 갖추고 있는 상태가 될 수 있어야 한다. 또한 모든 것은 이미 숙고하여 만들어진 것이어야 한다. 그것은 일반적이며 명확하고 뚜렷한 몇 개의 원칙들에 의해 구성된 것이라는 사실을 의미하며, 그러한 원칙들에 따라 필연적으로 누구에게도 간섭받지 않고 의지대로 할 수 있는 모든 것을 말한다.

따라서 하나의 사회 조직이 비타협적으로 훈련될 수 있도록 하기 위해서는 그 조직이 하나의 의지(목적)를 가져야 한다. 동시에 목적은 이차적인 이유가 되며, 그것은 몽상적인 것이 아닌 구체적인 진정한 목적이어야 한다. 그러나 단지 이것만으로는 충분하지 않다. 목적의 합리성에 대하여 조직의 모든 개별 구성원이 납득할 수 있어야 한다. 그것은 어느 누구도 조직의 강령을 거부할 수 없도록 하기 위함이다. 이렇게 강령이 꼭 준수될 수 있기를 바라는 이들은 조직의 구성원들에게 강령 준수를 요구할 수 있다. 이는 강령 거부가 가져올 효과를 지정하여 강령 준수를 의무적으로 이행하게 하려는 의도보다는 자유로운 계약 관계의 형식을 빌려 강령 준수를 자율적으로 유지하기 위한 의도를 담고 있기 때문이다.

이러한 최초의 강령 준수 원칙에서 행동으로 드러나는 비타협이, 어떻게 스스로의 자연적이면서도 최소한의 필수적 전제조건을 조성하기 위해 최종적인 결정에 앞서 진행되는 토론과 논의를 통해 관용적으로 나타날 수 있는가는, 앞서 이야기한 과정을 통해 드러난다.

집단적으로 성립된 결정에는 그 결정에 따른 정당함이 있어야 한다. 만약 그렇다면 그 정당함은 하나의 집단적인 특징으로 해석될 수 있는 것일까? 당연히도, 통일된 하나는 집단적이지 않고 산만한 전체보다 어떤 결정을 훨씬 신속하게 내릴 수 있다(정당성을 쉽게 찾거나 진리를 보다 신속하게 발견할 수 있다). 왜냐하면 통일된 하나는 가장 가능성 있는 것들 중에서, 가장 잘 준비된 것들 중에서 좀 더 정당한 해석을 내릴 수 있기 때문이다. 이에 반해 집단성은 다양한 요소들로 구성되어 있으며, 진리를 이해하는 방식도 여러 가지 수준으로 나타날 수 있다. 더군다나 하나의 특정 목적에 대한 논리를 발전시키거나 동일한 목적의 이행을 위해 거쳐야 할 필요적 계기와 순간들을 고정시키는 데도 여러 수준으로 준비하여 나타낼 수 있다. 이 모든 사실은 진실처럼 보이기도 하지만, 통일된 하나가 마치 하나의 독재자 혹은 전체주의적인 교리로 보이거나 교리가 될 수도 있다는 점 또한 사실이다. 그런데 그러한 통일된 하나로부터 설정된 강령은 실패로 돌아갈 수도 있는데, 그것은 집단성 자체를 거부하거나 혹은 행동으로 변할 때 가져올 유용성을 제시하는 데 실패했기 때문이다. 이에 반해 동질적인 집단성으로부터 고정되어 확정된 강령은 집단의 구성 요소들로부터 발생하는 동질성으로 인해 강령의 실현성과 효과 달성에서는 거의 실패하지 않을 것이다. 비록 강령이 적용되는 데 다소 시간이 걸릴지라도 말이다.

따라서 집단성의 구성 요소들은 내부적인 토론을 통해서 의견 일치를 이끌어내야 한다. 토론을 통해 정신과 영혼 그리고 의지는 하나로 융합되어 만들어진다. 각 구성 요소들이 나타내는 진실의 개별적인 내용은 총합적인 진실로 합해져 종합화된 진실이 되어야 하며, 정당성의 통합적인 표현으로 표출되어야 한다. 토론이 철저하게 진행되고, 내용이 진정성을 갖도록 하기 위해서는 최대한의 관용이 필요하다. 모든 이들이 말하는 것은 진실이 될 수 있으며, 그 진실을 절대적으로 실현할 수 있다는 확신이 있어야 한다. 행동의 순간에는 모두가 단결해야 하며 결속력 있게 연대해야 할 것이다. 논의와 토론 과정이 이어지다 보면 어떤 암묵적인 합의의 순간이 발생할 수 있는데, 이때 모든 구성원과 요소가 제기했던 진실이 총합적으로 모아지지 못해 몇몇은 포기해야 하는 경우가 생긴다. 이런 경우 일정 부분 책임을 져야 하기 때문이다. 만약 토론과 논의 중 의견 수렴 과정이 관용적으로 잘 풀리면 행동 과정에서는 비타협적인 행보를 유지할 수 있다. 가장 잘 준비된 이들이 진리를 받아들일 준비가 덜 된 이들을 도와줄 수 있을 것이다. 각각의 개별적인 경험들은 공통적인 것으로 일반화될 수 있으며, 문제의 모든 면들을 검토하게 되면 어떠한 몽상도 만들어지지 않는다. [사람들이 자신은 감추는 것이 아무것도 없거나 자신들의 마음속에 의식적으로나 무의식적으로 어떠한 환상도 없다고 확신한다면, 작업을 시작할 준비가 되어 있는 것이다. 그러나 만약 그들이 자신들을 희생시켜야만 한다고 생각하면 먼저 희생이 필요할 수 있다는 사실을 알아야 한다. 만약 자신들의 행동이 성공할 수 있다고 이야기했다면, 그것은 성공과 실패의 가능성에 대하여 비교적 정확하게 계산하고 예측했다는 것을 알 수 있다. 성공의 가능성이 높다는 것은 성공할 기회와 경우의 수가 더 많았다는 사실을 의미한다. 만약 성공이 아닌 실패의 가능성이 더 높게 나타날 것이라고 이야기한다면, 실패의 가능성들이 다수의 이들에게서 비판적으로 더 많이 나타났을 것이다.] 따라서 이러한 관용—기본적으로 의견 일치가 된 사람들 사이에서 행해지는 토론 방식이며, 공통의 원칙들 사이에서 발견할 수 있는 일관성(조화)이 있어야 하고, 공통적으로 전개되는 행동으로 나타나는 것—은 아무리 저급한 의도를 가지고 해석한다고 해도 다른 이의 의견을 긍정적으로 받아들인다는 것으로 해석할 수 있다. 과오에 대해서 그리고 경솔한 행동에 대해서는 그 어떤 관용도 없다. 한 사람이 과오를 저지른다고 인정하게 될 때는—그리고 모든 사람은 자신이 원하는 대로 생각할 수 있는 권리가 있다고 주장하면서, 토론을 통해 회피하거나 토론을 하면서도 자신의 주장을 증명하는 일을 거부한다면—더 이상 관용적일 수 없다. 사상의 자유는 회피하거나 경거망동하거나 경솔하게 이야기할 수 있는 자유를 의미하는 것은 아니다. 우리는 다만 전체주의 혹은 우상주의의 일부분을 차지하고 있는 불관용을 반대하는 것이다. 그러한 불관용은 지속적인 동의를 이끌어내지 못하도록 하며, 윤리적으로 의무적 행동 규칙을 확립하는 일을 방해하고, 모든 이들이 규칙과 법률을 확정하기 위해 자유롭게 참여하는 일을 막기 때문이다. 결국 이러한 형태의 불관용은 필연적으로 사회 조직의 해체를 가져오고, 불확실성과 기회주의적인 타협으로 나타날 것이기 때문이다.

[진리를 인정할 수 없는 사람, 잘못된 이미지로부터 자유롭지 못한 사람, 행동의 필요성을 전혀 이해하지 못하는 사람은 자신들의 의무들을 논의하고자 하는 갑자기 찾아온 대립의 순간에 누구보다 먼저 변절할 것이다(의무를 포기

할 것이다). 이들은 이런 과정과 훈련을 고통스럽게 생각하고, 그들의 행동은 실패로 귀결될 수밖에 없을 것이다.]

따라서 우리는 '비타협-관용'과 '불관용-타협'이라는 조합을 기준으로 삼아 행동에 임해야 한다.

1917년 12월 8일

3장
—

교육에
관해

Odio gli indifferenti

사립학교의 특권들

1

사제들은 자주 그리고 자발적으로 학교의 자유에 대해 이야기하곤 한다. 그러나 신자들은 속지 않는다. 자유라는 말은 그저 사제들의 입에서 나오는 단어로서의 의미만을 가질 뿐이다. 사제들이 이야기하는 자유와 사제가 아닌 사유하는 인간들이 이야기하는 자유는 전혀 다른 개념이다. 사제들에게 학교의 자유란 전적으로 공부하는 사람들이 인식하는 모든 권리를 누리고자 하려는 어리석은 이들의 자유를 의미한다. 따라서 다음과 같은 공식을 내걸 수 있다. '학교의 자유를 위하여.' 그러나 이것은 일종의 편협한 시도로, 이윤을 극대화하기 위한 경제적 투기 사실을 은폐하려는 그럴싸한 구호이자 표어에 불과하다.

  사제들이 세운 (가톨릭 계열의) 사립학교들은 이탈리아에서 너무나 번성하고 있다. 어떤 법률로도 그러한 사립학교의 설립이나 발전을 막거나 저지하지 못하고 있다. 사립학교들은 국립학교에서 원하는 경쟁을 할 수도 있다. 만약 이 학교들이 국립학교보다 더 낫다면, 그리고 이 학교들이 국립학교에서 배울 수 있는 것보다 나은 교육을 학생들에게 해줄 수 있다면, 사립학교들은 무한히 증가할 것이다. 또한 그들이 원하는 만큼의 수업료를 받을 수도 있다. 이는 국가가 '교육' 상품을 사고 팔 수 있는 권리를 인정하는 꼴과 같다.

그러나 이탈리아에서 '교육'이라는 상품의 가치는 어떤 상품을 구입할 때 치러야 할 비용에 비한다면, 보잘것없이 작은 편이다. 오히려 보다 가치 있는 것은 '교육' 상품에 비해 너무나 비용이 적게 드는 '학력'이라는 상품일 것이다. 바로 이 지점에서 사제들의 고민은 시작된다. 국가는 '학력'이라는 상품에 대한 카르텔(독점)을 유지하고 있다. 학업을 통해 '학력'을 갖게 된 사람은, 특별히 학력을 국가에 파는 것이고, 국가는 학력을 무작정 사들인다. 그러기에 국가는 학력에 내포된 여러 자격 요건과 학위의 종류를 절대적으로 통제하고 있다. 그것은 학력이라는 타이틀(학위증)이 일정 부분 유용한 가치를 가지고 있기 때문이다. 이런 이유로 국가는 항상 학업에 따른 타이틀(학위증)을 팔 준비가 되어 있다. 따라서 이것은 학위증서나 학점을 자격이 있는 국가 기구들 중 하나가 독점적으로 발급하는 이유이기도 하다.

사제들이 발끈하는 이유가 전적으로 경제적 문제에 있다는 사실을 더 강조하기 위해서라도 이에 관련된 문제에 대해 경제학적 용어를 사용하고자 한다. 대부분 사제들은 경제적으로 극대화된 이윤을 보장할 수 있을 정도로 타락한 상품을 국가에 팔고자 한다. 오직 그들만을 위한 특권이란 바로 사제들이 설립한 종교계 학교에 다니는 학생들만 전적으로 누릴 수 있는 특권이다. 그들은 이탈리아 전체 교육계 그리고 국민 공동체에 해가 되는 특권을 획득하고 싶어 한다. 그들은 공공기관의 통제 아래 법적인 과정을 통과한 정형화된 인장이나 증명(여기서는 화폐로 표현)만으로는 만족하지 못한다. 그들은 위조 화폐(인장이나 증명), 그것도 많은 양의 위조 화폐(위조증과 위조 증명서)를 만들고 싶어 하며, 그것을 이탈리아 교육 시장에 대량으로 유통시키고자 한다. 또한 그들은 국가에 위조 화폐(위조증과 위조 증명서)를 법률적으로 정당한 과정, 다시 말해 공공 기관에서 사용할 수 있는 신용대출이 가능한 화폐(인증과 증명서)나 사기업이나 민간 단체에서도 신용대출이 가능한 화폐(인증과 증명서)로 인정받을 수 있도록 요구한다. 사제들은 그렇게 하여 국가가 발행하는 공식적인 화폐로 보상받을 수 있을 것이라는 환상에 사로잡히기도 한다. 사제들은 이러한 공무상 남용에 대한 잘못된 인식과 발상으로 가득 찬 생각을 '학교의 자유'라는 거창한 이름으로 부른다.

'자유학교진흥' 조합의 지도위원회는 요 며칠 신문지상에 교육부 장관 루피니Ruffini에게 가톨릭 트러스트를 요구하는 공개 서한을 실었다. 이 서한은 국가라는 거대한 배를 새로운 방식으로 확실하게 공격하려는 의도를 담고 있다. 전쟁 상태는 국가가 시행하는 많은 임시처방적인 조치와 방편들에 대하여 공식적이고 확실한 정당성을 부여한다. 그러나 이러한 조치들은 학교 교육의 일관성과 안정성에 평소보다 훨씬 더 많은 해악과 불안정성을 초래한다. 사제들은 예외적인 경로와 방법을 허용하는 정부 부처의 우둔한 처리라는 양보를 명확하게 획득하기 위하여 의회의 정기 회기를 효과적으로 활용하려고 할 것이다. 이에 정부 부처는 학위 수여에 대한 모든 효과적인 통제 장치와 제도를 폐지해버릴지도 모른다. 그러나 폐지 이후에 다시 여론은 그 조치가 잘못되었다고 지적하면서 새로운 학위 통제 장치를 도입하라고 정부에게 요구할 것이다. 결국 이런 과정에 따라 취해질 조치는 공립학교들을 보다 강력하게 공적인 통제 아래 둘 수 있게 될 것이다. 국민적인 생활보다 훨씬 심각한 물자의 부족과 배급에 전념해야 할 공적 질서는 항상 변경될 수 있는 처지에 놓이게 되었다. 그것은 최악이다. 그것도 아주 심각하고 분명한 최악이다. 이미 지난 2년간 학교는 가히 무릉도원이라고 할 정도로 평화롭고 행복한 체계를 갖추었다. 전쟁의 유용함이 학업의 유용함을 대체하면서 일반 경제는 전쟁으로 인한 고통에 시달리게 될 것이다.

이것은 단순히 원칙으로 볼 수 없는 최악의 조치일 뿐이다. 그것은 권력을 지향하는 인간들에 의해 지속적으로 행해지는 죄악이다. 사제들은 자신들이 만들어놓은 교육을 통해 좀 더 많은 현실적이고 경제적인 이득을 얻고자 하는 것이다.

사제들은 지난 2년 동안 자신들이 운영하는 교육기관의 학생들이 시험 장소를 선택할 수 있도록 하는 권리를 획득하였다. 이러한 결과에 대해 어느 누구도 전쟁 상황이라는 핑계만으로 이는 어쩔 수 없으며 심지어 정당하다고 이야기할 수는 없다. '경제적인' 관점에서 보더라도 학생이 공부하던 곳에서 멀리 떨어져 있는 장소로 시험을 보러 간다는 사실이 훨씬 편리하다고 정당화할 수 있는 사람은 아무도 없다. 그런데도 크레다로Credaro 장관과 그리포Grippo 장관은 이러한 조치를 정부 차원에서 허용해주었다.

두 명의 장관은 사제들이 가르치는 학생들을 시험에 통과하기 쉬운 곳으로 보낼 수 있도록 허가해주었다. 시험 장소는 주로 자신들의 영향력이 미치는 지역으로, 정치적으로 이해관계가 걸려 있는 사람들이 시험 감독관으로 파견된 곳이 대부분이었다. 그런 곳이야말로 시험 감독관들이 부정을 저지르기 쉬운 곳이다. 그러한 조치와 선택권에 대한 법적 유효 기한을 올해까지로 하도록 요청하는 내용을 담은 공개 서한이 루미니 장관에게 보내졌다. 루미니 장관이 이와 같은 매우 사적인 성격의 청원을 거부하지 못할 지위에 있던 것은 아니었다. 그러나 문제는 그러한 기한 유지가 단지 이번 해에만 유지되는 것이 아니라, 하나의 영속적인 권리가 될 수 있다는 점이다. 그렇게 되면 공부를 열심히 하지 않은 젊은이들도 손쉽게 학위를 얻을 수 있을 것이라고 생각할 가능성이 있다. 혹여 생면부지의 사람일지라도 자신을 시험에 통과시켜줄 수 있는 시험 감독관들이 있는 곳을 찾아 토리노에서 칼라브리아까지 가서 시험을 볼 수도 있다는 것이다. 이에 반해 토리노에 있는 학생은 토리노의 학교에서 시험에 통과하기 위해, 다른 젊은 학생들과의 경쟁에서 살아남기 위해 열심히 공부해야 한다. 그러나 간혹 자신을 아무리 희생하여 전력을 다해 준비했다고 하더라도 다른 학생에 의해 추월당할 수 있는 위험이 존재한다. 왜냐하면 부유한 집안의 학생이 다소 어수룩하거나 어리석다 하더라도 졸업 학위를 따는 데 아무런 문제없이 성공할 수 있기 때문이다.

루피니 장관은 공개 서한에 대해 못 들은 척하고 아무런 조치도 취하지 않을까? 장관은 정말 사적 청원에 귀를 막은 채 아무런 조치를 취하지 않을까? 학교의 이해관계들이 정치적 퇴보를 상징하는 그런 조치를 취함으로써 늪에 빠져 허우적거리게 하는 데 성공할 것인가? 분명 여론은 그렇게 하라고 장관을 압박할 것이다. 이탈리아의 공동체 구성원들은 학교가 능력 있는 인간, 다시 말해 모든 이에게 유용한 임무와 역할을 수행하기에 잘 준비된 인간을 육성하는 데만 관심을 둔다. 그러하기에 학교가 기회비용으로 얻은 학위의 공급 장치에 불과할 수 있다는 사실에는 관심이 없다. 사제들이 공개 서한에서 한 요청은 그러한 학교 현실이 갖는 이해 불가한 변형된 구조이자 조직을 정확하게 이해하여 적극적으로 반영하기 위한 것이다. 어리석고 우매한 관료주의에 대한 대가를 치러야 할 우리 공동체 사회는 학위증서

수여 통제의 모든 가능성을 보존할 필요가 있다. 그렇지 않으면 우리 사회의 혈관을 통해 흐르는 피를 쥐어짜야 하는 크나큰 희생을 감내해야 할지 모르기 때문이다. 게다가 학위증서라는 것이 부적격한 이들에게도 자비롭게 수여되고, 공공의 공정한 삶을 망치는 상태로 이끄는 데 유용한 제도가 되어, 불투명하고 부정한 사회를 만드는 데 활용될 수 있기 때문이다. 또는 노동자들이 땀 흘려 거둬들인 생산성에 기생하면서 살아가는 어리석은 관료 계층만을 증가시킬지도 모른다.

1917년 4월 13일

여성들, 기사들, 그리고 연인들

사람들은 이탈리아인이 남긴 예술적인 산문집 한 권 내지는 수백 혹은 수천 권을 읽는다. 여기에는 장편소설이나 중편소설, 희곡과 드라마 등이 포함된다. 이 산문집 중 작가의 내면을 제대로 채워서 독자 대중에게 흥미로운 정신세계를 불어넣는 작품을 찾으려 한다면 여러분들은 다음과 같은 결론에 도달하게 될 것이다. 이탈리아 지식인이 쓰고 이탈리아 대중이 읽는 책을 보면, 작가라고 할 수 있는 이탈리아의 지식인이 단지 한 가지 내용이나 주제에만 집중하지 않는다는 사실을 발견하게 된다. 그들은 무엇보다 먼저 이성 간의 관계(연애사)에 관심을 둔다. 성적인 관심사는 이탈리아인들의 모든 유형의 서사-서정의 세계를 형성하고 있다. 이럴 경우 작품이 독창적인 구성이나 주제를 다루고 있다고 이야기하는 것은, 비록 그 결론이 항상 동일한 것—사랑, 열정, 불륜—임에도 심리적인 문제에 대한 새로운 해결책을 찾아내는 데 성공했다는 것을 의미한다. 그러한 구성의 높낮이나 깊이에 대한 판단은 좀 더 단조로운 포르노그래피 수준으로 점점 빠져들거나, 혹은 달을 보며 감상에 빠지는 것보다는 다양한 색깔과 모양의 별과 같이 사랑의 감미로움을 채워나간다는 의미다. 여기에 등장하는 주인공들은 몰락한 가문의 젊은 신사, 우아한 악당, 감성이 풍부한 매춘부, 전통적인 관습에 맞서 악습에서 벗어나려 고군분투하는 어린 소년과 소녀, 가정생활에 그다지 만족하지 못한 채 자신을 둘러싼 생활에서도 어려움을 겪는 가정 주부 등이다. 만약 이탈리아 작가들이 독자들을 따분하게 만들지 않게 하려거든, 여성들과 기사도 그리고 연애에 대해 글을 써야만 한다(전쟁이나 범죄 조직에 대한 글은 특별한 경우지만, 이도 특정인만을 대상으로 하여 써야 한다). 이제 문학은 폐쇄적인 조직에서 발표하는 글이 되었거나, 아니면 문학 자체가 감염되어버렸다. 이러한 책들을 읽는 것은 마치 이탈리아가 철장 안에서 욕정을 주체하지 못하는 발정기의 아프리카 원숭이처럼 행동하는 모습으로 비친다. 왜냐하면 감성주의야말로 절망에 빠져 허우적거리는 삶의 목적을 다시 생각하게끔 하기 위해 찾을수 있는 가장 쉬운 길이기 때문이다. 인생의 다른 모든 활동, 사랑과 관련한 것이 아니면 존재할 필요가 없어 보이는 듯한 그런 활동들은 완벽한 외형을 가진 전형적 모습으로 정형화되어버렸다. 흡사 그것은 예술적 아르카디아를 위한 활동으로 비쳐졌으며, 저급한 포르노그래피 문학의 일부가 되어버렸다. 노동의 열기를 뿜어내는 모든 현대의 일상적 삶에는 계급 충돌과 계급 간 이해관계의 대립을 묘사한 이데올로기와 사상으로 충만한 드라마가 가득해야 한다. 현대인의 삶에는 몇몇 예외적인 경우를 제외하면 일반적으로 예술적 모습이라곤 찾아볼 수 없음에도 귀부인의 침실을 넘나드는 도둑과 같은 연애가 중심이 되는 예외적인 구성과 이야기가 문학작품을 통해 그려지고 있다. 이 지점에서 문학 활동의 불균형이 존재하는데, 대개는 현실의 피상적 삶에 대한 결과나, 혹은 피상성과 가벼움 및 공허한 수사가 더해져서 만들어낸 결과에 기기묘묘한 연애의 감정 등이 현실 속에 중첩되면서 만들어진 불균형이다. 그런 이유로 이탈리아에서 영국 문학이나 독일 문학은 그다지 사랑을 받지 못하며, 유사한 내용을 다루고 있는 프랑스 문학만이 대중적으로 인기가 있다. 독일 문학은 이미 이야기했듯이 다소 애매모호하거나 뜬구름 잡는 내용을 다루는 작품들이 많다. 이에 반해 영국 문학은 사람을 웃게 만드는 재주가 있는데, 영국 문학 작품에서는 사랑을 다루는 방식이 이탈리아와는 매우 다르다. 영국 작품의 50퍼센트 정도에는 사랑을 절대적인 욕망으로 드러내는 방식으로 처리하지 않는다. 그 나머지 부분에서도 단순한 욕망의 순응자로 그리지 않는다. 그 점은 이탈리아 문학에서 사랑을 다루는 방식이 절대적인 지배자, 통제할 수 없는 노예 상인, 그리고 어느 정도 끝을 알 수 있는 빤한 결말과 다른 방식으로 나타나는 이유이기도 하다.

역동적인 에너지와 예술적인 활기가 넘치는 현대 영국 소설은 루치아노 주콜리Luciano Zuccoli와 구이도 다 베로나Guido da Verona 같은 이탈리아 거장들의 작품보다 훨씬 평온하고 건전한 정신을 담아 매끄러우면서도 흥미롭게 전개된다. 이는 마치 프티부르주아 세상의 멸망과도 같은 드라마틱한 주제를 채택한 소설의 전개와 같다. 마치 이탈리아서 유행하고 있는 디저트와 달콤한 과자들로 위, 목, 입을 즐겁게 하고 난 뒤 커다란 술잔에 후식으로 술 한 잔을 마시는 것과도 같다. 다음의 웰스H.G.Wells의 소설《소화를 잘 하지 못하는 한 남자의 이야기Storia di un uomo che digeriva male》에서 훨씬 내용이 풍부하고 교훈적인 내용을 발견할 수 있다.

급속하게 성장하여 복잡한 구조를 갖게 된 사회는 일반적인 시각으로 보면 사회 조직 구성의 심각한 문제들을 해결하거나, 미래에 발생할 수 있는 심각한 문제에 대해 전혀 생각하려 하지 않는다. 그것은 마치 건강이나 다이어트에 대해 아무런 생각도 하지 않는 인간과 다름없다. 해수욕이나 운동을 게을리하고 자신의 식욕을 만족시키는 데만 몰두하는 것과 다르지 않다. 그러한 사회는 마치 인간이 핏속에 건강하지도 않은 불필요한 영양소를 쌓아두는 것처럼, 유용한 목표나 목적도 없이 쓸모없는 부산물들을 무작정 핏속에 쌓아두는 것과 같은 것이다. 그런 사회는 윤리적인 건강함이나 자기 계발의 무한한 능력을 상실함과 동시에 최악의 삶과 비극만을 생성하게 된다.

이는 사회 발전의 매 순간마다 최대한의 고통 속에서 모든 것을 쉽게 회피하다 결국 인간 통합 정신에 무의미하고 소모적인 낭비만을 불러올 것이다.

우리 공동체 정신에 나타나고 있는 일반적인 무기력을 없애려면 활발하고 생동감 있는 지적 부흥의 필요성을 보여주는 것보다 더 나은 방법은 없다. 공동체 정신 내부에는 무례하고 몰상식하며 비천하고 무용한 머리를 가진 거대한 다수가 존재한다. 이들이 갖는 막연하고 온정적인 동정심은 그저 '중하위계급'에 대한 잘못된 해석에 담긴 부적절한 용어와 의미를 가리키는 것일 뿐이다. 이러한 중하위계급을 구성하고 있는 사람은 소수의 권력 아래 그들의 지도와 영향력 아래 살면서, 그저 쓸모없는 존재로 여겨지는 무용한 대중이다. 그들은 많고 적음을 떠나 축적된 자본 덕분에 선월급, 사회보장정책, 혹은 자본의 축적에 의해 발생된 경제 생활의 도움을 받아 삶을 영위한다. 이들에게 공공의 극빈을 해결하기 위해 내세우는 구호를 통해 호소함으로써, 부패하고 불평등한 사회의 구조를 바꾸는 데 동참하도록 직접적으로 호소하는 강제적 방법을 선택할 수는 없다. 예를 들면 소상인들은 대부분 오래된 노동자들이다. 그들은 교육의 부족, 기술과 재주의 부족함, 혹은 산업적인 다양한 변수들 때문에 미숙련 노동자로 머물고 있으며, 안정적인 일자리에서 비켜나 있다. 그들은 부족한 소득을 보충하기 위하여 아무도 요청하지 않은 자발적인 상업 활동을 시작했다. 그러나 그들이 운영하는 소상점은 스스로 소비자가 되어 자기 소비의 60~70퍼센트를 차지할 정도로 고달픈 인생의 짐이 되었다. 소상인들은 자신들의 소비 몫 60~70퍼센트를 뺀 나머지 소득을 그들의 자본(저축 등을 통한)으로 귀속시켜 지출과 경비를 점차 줄일 수밖에 없는 상황으로 내몰리게 된다. 그럼에도 그들이 그러한 어려움과 삶의 고단함을 극복하지 못한다면, 그들은 계속 무언가가 부족한 상황에 놓인 미약한 존재가 될 수밖에 없다. 이제 노동자들은 다소 천천히 진행되기는 하지만 지속적으로 줄어드는 수입과 늘어나는 손실이 기하급수적으로 축적되면서 발생하는 기력 소진과 수입 감소로 인해 점점 퇴락하게 된다. 이런 이유로 소상인들은 절망에 빠져 점점 죽음에 이르게 되는 것이 오늘의 현실이다. 오직 토대가 굳건한 기초 자본을 소유한 소상인들만이 예외적으로 극빈과 실패를 비극적으로 인식하지 않고도 죽어갈 수 있는 것이다. 그들은 또한 영업을 통해 얻는 이익이 아주 적을 수밖에 없으며, 그 수입이라는 것도 그저 차표 한 장에 조그마한 간식거리를 살 정도밖에는 안 되는 금액이며, 그나마 이를 벌어들이는 것도 힘겹다고 느낀다.

매년 시간이 흐를수록 채무로 인해 파산선고를 받거나 안타까운 부도로 인해 유사한 불평을 늘어놓는 소상인들의 행렬이 길게 늘어서 있는 것을 볼 수 있다. 우리는 그러한 움직임을 멈출 실질적인 제도적 장치를 마련하지도 못한 채, 그저 지켜만

보고 있는 것이다. 그 어떤 상업용 신문도 그러한 부도 소식을 네댓 줄의 축약된 기사라도 써서 알리는 것을 보지 못했다. 이제 모든 소식—비록 적은 분량이라도—은 모든 것을 잃어가는 가족의 이야기라는 의미를 담고 있으며, 우리 사회 전반에 걸쳐 다시 일어나는 현상이 되었다. 그런데 이제는 그 현상의 대가를 치르며 우리가 살아가고 있다. 그다지 모습이 혁신적으로 바뀌지도 않은 채, 여전히 동일한 상황에 놓인 수공업자들과 노동자들의 동일하고 거대한 행렬이 있을 뿐이다. 그들은 자신들이 일했던 자리에서 돈 몇 푼을 받고 떠나거나, 가족들로부터 금전적인 도움을 기대하고 있는 무력한 이들이다. 전쟁으로 미망인이 된 과부들은 남편의 생명의 대가로 받은 보험금으로 구제되거나 국가나 사회 자선단체의 도움을 바란다. 그렇지 않으면 전쟁 전후에 아버지가 했던 절약을 몸소 경험하지 못함으로써 미래를 그저 장밋빛 전망으로 도배하고 있는 '아버지의 자식들'에 기대어 살아야 한다. 그들은 자본주의의 승자들에 의해 버려진 쓸모없는 상점에서 자신들의 노동력을 쏟아붓는다. 여기저기 쉽게 볼 수 있는 모습을 띤 것으로, 거의 방치하다시피한 형편없는 구조물이거나 흉물스럽게 대충 지어진 그러한 상점들인….*

* H.G. Wells, *Storia di un uomo che digeriva male(The History of Mr. Polly)*, Giampiero Ceretti 번역, Treves, Milano, 1915, pp. 184-186.

이러한 문학적인 경향은 결코 무시할 만한 것이 아니다. 단지 공허함에 빠져 있는 이는 그저 공허한 사람일 뿐이다. 됨됨이가 잘못된 이가 마치 완벽한 신사처럼 보이는 외형적인 모습에도 그저 경박한 사람에 지나지 않을 수 있다는 것 또한 진리일 수 있는 것이다. 이것은 이탈리아인의 삶을 특징짓는 연체형(물렁물렁하고 흐물흐물한 형태) 증상이다. 그 점 때문에 이탈리아는 인문학적이고 정치-사회적인 고차원의 가치를 담아 한 단계 상승할 수 없었던 것이다. 이런 이유로 수천의 사회적 폐물—주로 무위도식하는 이들—들의 아우성은 일반적으로 수백만의 이탈리아적인 상식을 가진 사려 깊은 이들의 고통보다 더 크게 느껴지고 중요하게 생각되는 것이다. 이들 수백만의 사려 깊은 이들이야말로 불행한 우리의 조국 이탈리아의 에너지를 창출할 수 있는 원동력이며, 국가를 활기차게 하는 원천인 것이다.

1917년 7월 10일

도덕적인 과업

사회주의자들은 여전히 가족이라는 집단의 적으로 자주 묘사되거나 소개된다. 이것은 자본주의 사회에서 공통적으로 발생하는 사태의 하나이며, 보다 근본적이고 광범위하게 퍼져 있는 반사회주의적 편견의 하나이다. 특히 사회주의의 교리나 원칙, 이상과 방향성을 잘 알지 못하는 대중 계층에게는 더욱 그러하다. 왜냐하면 경제적 노예 상태에서 인간의 해방으로 나아간다는 신념과 사회운동을 특별한 학업이나 공부 없이도 이해시키는 것이 쉽지 않기 때문이다. 바로 그러한 모든 지식과 양식의 부족 탓에 사회주의자들이 제안하는 것들이 도대체 무엇인지조차 사람들은 모르는 것이며, 사회주의자들의 제안이 어떤 형식으로 실현되는가를 이해하는 것 또한 쉽지 않다.

본질적으로 가족은 하나의 도덕적인 조직체다. 그것은 개인을 넘어서는 최초의 사회적 핵심 조직이며, 개인에게 책임과 의무를 부여하는 조직이기도 하다. 가족의 구조는 역사 속에서 변화되어왔다. 고대 세계에서 가족은 부모는 물론이고 자손이나 노예, 손님 그리고 친구까지를 포함하는 것이었다. 가족은 또한 방어 조직체이기도 하면서 사회적 보호 조직체. 고대의 가족 제도 안에는 강력한 힘을 가진 남성을 중심으로 부인과 자식들만 있었던 것이 아니라, 법적으로나 도덕적으로 그리고 경제적으로 스스로의 이익을 방어하거나 막아낼 능력이 없는 사람들도 함께 있었다. 이들 약자들은 강한 권력자에게 복종당하거나 정복당하는 것이 대부분이었다. 그런 이유로 사회적으로 중요한 여러 서비스와 안전을 제공받았던 개인은 힘과 권력이 강한 자들에게 개인적 자유를 제공하여 노예 상태나 농노와 같은 사회적 신분을 감수하며 살았다.

역사가 진전되고 국가에 대한 생각이 바뀌면서 국가 기관들의 힘은 강화되었다. 그리고 개인들은 가족이라는 제도와 범위의 외부 영역인 사회 안에서 자유와 안전에 대한 권리를 획득하고, 국가에게 직접적으로 이를 요구하기 시작하였다. 가족은 본래 기초적이고 핵심적인 특징, 다시 말해 부모와 자식 중심의 구조로 축소되었지만, 도덕적인 삶의 조직체라는 특징을 넘어서 생물학적이고 사회적인 보호와 방어의 조직체라는 특징은 지속적으로 유지하고 있다. 그러나 이러한 이중적인 가족의 기능은 실제로 가족이 어떻게 재구성되었는가를 이해하기에는 부족하다.

우리 사회주의자들은—적어도 우리 대다수는 국가숭배주의

라는 맹신을 갖지 않으면서, 사회주의 체제에서 아이들의 교육을 국가 기관에 전적으로 의존하여 기계적으로나 행정적으로 개성 없이 교육한다고 생각하지 않는다—가족이란 오로지 인간됨을 준비하는 인성 교육의 과정과 민주적 시민 교육이 함께하는 유일한 도덕 기능을 가진 조직으로 통합되어야 한다고 믿는다. 그러나 현실의 가족은 이러한 과제를 실행할 수 없다. 부모들의 주된 걱정거리는 이제 교육 문제에 대한 것이며, 과거 우리들에게 넘겨주었고 현재 그렇게 해서 계속 축적된 인간적인 경험이라는 보물을 가진 아이들이 어떻게 하면 풍요롭게 지낼 수 있을까 고민하는 것이다. 이에 반해 자손들의 생물학적인 성장을 보장해야 할 방식인 생활 수단을 자녀들에게 확실하게 알려주고 가르치는 고민이 계속하여 발생한다. 또한 미래를 대비하여 생활이나 생계를 책임질 수 있는 수단과 방법을 자녀들에게 확실하게 마련해주려는 근심 역시 지속적으로 발생한다. 사유재산은 바로 그러한 지점과 고민에서 만들어진 것이다. 사유재산을 소유하게 된 개인은 자신이 죽은 뒤 자식들과 부인을 위한 삶의 안정과 평안함에 대한 고민을 해결하였다. 그러나 사유재산이 이러한 문제를 해결하는 과정에서 보였던 양상과 태도는 너무나 반인간적인 것이었다. 자손들을 위한 생활의 평안함과 안정은 소수의 특권이 되어버렸는데, 사회주의자들은 그런 유형의 사유재산 방식을 원한 것이 아니었다. 어머니로부터 태어난 모든 아이들은 생물학적이고 도덕적인 성장 과정에서 보호받아야 하며,

모든 인위적인 위험과 자연 환경의 보이지 않는 위험에 대해서도 평등하게 보호받고자 한다. 또한 모든 이들은 자신의 지적 소양을 넓히고 배양하기 위해 필요한 교육 수단을 평등한 방법으로 사용해야 한다. 시와 산문, 조각과 회화 등 모든 예술 분야에서 발견되는 미적 감성과 과학적 연구 그리고 첨단 지식의 결과물은 모든 공동체 구성원들과 공유하여야 하며, 이를 위해 필요한 모든 수단을 평등한 방법으로 사용해야만 한다. 그러므로 사유재산 제도의 폐지와 재산 공동 소유제로의 전환은 가족이 있어야 할 위치와 그 목적에 따른 위상에 적합할 때만 유효한 것이다. 그것은 바로 도덕적 삶의 조직체라는 특징을 갖춘 가족의 모습이다. 그러한 가족으로 구성된 공동체 체제에서 안전과 자유라는 혜택은 분명 모든 사람들이 누릴 수 있다. 자손을 보호하는 데 필요한 모든 수단은 구성원 모두에게 동일하게 보장될 것이다. 부모들은 자신의 자식들을 위해 빵을 구하러 다니는 고뇌와 걱정으로부터 벗어날 수 있을 것이다. 평온하게 한 세대에서 다음 세대로, 과거에서 미래로 문명의 핵심적인 내용을 전달하는 매개자이자 그들의 도덕적, 윤리적 과제를 수행할 수 있는 존재로서 가족의 위상과 역할이 강화될 것이다.

그렇다면 사회주의자, 프롤레타리아가 가족에 대한 공공의 적인 것일까?

그렇지 않다면 자식들의 미래에 대하여 걱정하고 고뇌하면서 자신이 속한 계급의 해방을 위해 투쟁하는 프롤레타리아가 자신의 모든 역량을 결집하여 희생하고—여기에서 프롤레타리아의 자식들에 대한 사랑을 뺀다면—있다는 사실을 어떻게 설명할 수 있을 것인가? 부르주아는 때로 개인적인 부를 축적하느라 또 자신의 아이들에게 전달할 금전적이거나 경제적인 부를 축적하거나 구축하느라 일상이 힘들어지기도 하고 때론 건강이 악화되기도 한다. 그러나 그의 피곤함 그리고 피부의 노화나 건강 쇠약 현상은 통상적인 생각일 뿐이다. 그런 걱정은 대부분 영원히 누리고 싶은 특권의식에 대한 욕망 탓에 생기는 우울함에서 오며, 영속적 권력을 누리고자 하는 이들이 늘어나면서 점점 상황과 조건이 악화되기 때문에 온다. 프롤레타리아는 자신의 자식들에게 보다 나은 안전과 안정적인 삶을 보장할 수 있는 공동체 조건의 질적인 향상을 위해 투쟁한다. 그들은 아주 고통스러운 희생을 감수하며, 필요하면 자신의 삶을 희생하기도 한다. 그것은 자신의 자식들이 보다 평화롭고 공평한 미래를 맞이할 바람직한 사회를 창출하고자 하는 의지를 담고 있기 때문이다. 그러한 미래 사회에서 프롤레타리아의 자식들은 어떠한 박해나 추방도 없이 생계 수단과 지적, 도덕적 발전을 보장하는 수단들을 보다 분명하게 향유하고 찾을 수 있게 될 것이다. 그리고 그러한 수단들은 미래 세대들과 후손들에게 더욱 강력하게 확산되어 전달될 것이다. 그렇다면 진정으로 가족을 사랑하는 이는 누구인가? 누가 더 가족의 이성적이고 도덕적인 안위와 보존에 관심을 갖는다는 것인가? 그 누구보다 우리 사회주의자들이 조금이라도 더 가족이 계속되고 또 계속되어야 한다고 생각한다. 이런 상황에서는 어리석고 미개한 이들, 가장 잔혹하고 위선적인 적들 사이에서 우리 사회주의자들만이 진정으로 가족을 지키고 보존할 수 있을 것이다.

1918년 2월 9일

앎과 중상모략

근대성. 살인자는 감동하지 않는다. 한 인간의 죽음은 감동적이
지도 않다. 살인자는 단지 호기심이라는 동기만을 가질 뿐이다.
안다는 것(앎)은 감정을 죽이는 것이고, 지적인 능력(오성)은 숨
막히게 한다. 그렇다, 중상모략의 형태 속에 담겨 있는 안다는
것과 지적인 능력은 특별한 형태를 갖는 것으로 최소한 준비되
어야 할 필수불가결한 요소인 것이다. 신문들은 호기심에 대해
지속적으로 연구(사색)한다. 그것은 그러한 연구가 갖는 탁월한
현대성을 잘 나타내는 일이라고 생각한다.

근대성. 사제는 목재에 대해 여러 가지로 연구하고 분석한다.
그런데 일반적으로 그러한 목재를 둘러보는 일은 주로 은행가의
일이며, 주식을 다루는 일이기도 하고, 무역상의 일이라고 사람
들은 생각한다. 그 일은 사제의 업무와는 동떨어진 일이다.

근대성. 철도 직원이 자신의 사적인 사업을 위해 활용할 수 있

는 행정물자 수송용 객차에 대해 연구한다. 목재를 실어 나르는 무역 업무는 사제를 통한 무역상과의 관계를 통해 이루어진다는 사실을 알게 된다. 철도 직원 역시 이 일에 무역이 개입된다는 사실을 모르지 않는다.

근대성. 한 백작 부인이 우아한 광장에 있는 자기 소유의 커다란 건물의 방에 가구를 채워 넣고 세를 놓는다. 한 달에 200리라의 월급을 받는 철도청 직원은 그 우아한 광장의 건물에 있는 가구가 비치된 방을 600리라에 빌린다. 사제는 그 철도 직원에게 임대된 방을 보고서, 철도청 직원이 그 방을 한 달에 200리라의 금액으로 임대하고 있다는 사실을 알았다. 사제는 그러한 사실을 통해 철도 직원이 사적인 업무나 사업을 하고 있을 것이라는 추측을 할 수 있었다. 비록 임대료의 차이가 있겠지만, 상거래에서는 이 모든 것이 자연스럽고 납득할 만한 것이기도 하다. 그러한 상거래의 주체가 상인과 사제라는 신분일지라도 그러한 거래 자체의 가능성과 내용을 이해하지 못할 일은 아니다. 사업은 사업일 뿐이고, 가장 부정직한 계약서일지라도 적어도 법적으로는 정당한 것으로 인정된다.

근대성. 철도 직원은 자신의 안정적인 노후 생활을 위해 자신의 근무 경력을 쌓으면서 누릴 수 있는 합당한 위상과 대우를 받고자 했다. 그러나 그것은 공적인 직무나 위상이 아닌 직위를 남용하는 사적인 업무를 통해 이루어지게 되었다. 알다시피 늑대 새끼는 결국 늑대가 되지 않는가! 그런데 사제는 늑대 새끼를 신뢰하지 않았다. 어째서 신뢰하지 않는 것일까? 설사 월 200리라의 집세를 내는 방 주인이 그 철도청 직원이라는 것을 알았고, 자신의 행정권한을 악용하여 상거래 활동을 한다는 사실을 알았으며, 토리노의 아파트를 임대하면서 600리라를 지불한다는 사실도 알았는데 말이다. 철도청 직원의 거주지는 알레산드리아Alessandria였고, 귀족적인 고상함을 갖추고 신사와 같이 품위 있는 말을 하지도 못하는 사람이었다. 그런데 왜 그런 사람을 신뢰하지 않은 것일까? 여기에는 사제의 상업적 이해관계와 이해하기 힘든 의혹들이 존재한다.

근대성. 철도 직원은 사제의 불법적인 행위를 통해 자신이 방을 임차하면서 발생하는 부족분 400리라를 자신의 직위를 악용한 사적 사업을 통해 채울 수 있을 거라고 기대하면서 결국 사제를 살해하였다. 만약 고대 파리(종교적인 계율과 율법이 지배하던 시대의 프랑스) 시대에 그러한 과업(불법을 저지르는 범죄자인 사제를 징벌한다는 의미의 과업)이 가치가 있었다면, 근대라는 시대에 400리라는 거액은 직장을 다니고 있는 회사원의 삶에서 본다면 상당히 큰 금액이다. 늑대 새끼가 성숙한 늑대로 변하는 과정은 현대적인 시각에서 본다면 그다지 오래 걸리는 시간은 아니었다. 그러나 이 지점에서 근대성은 끝이 났다. 방 하나를 세놓은 백작 부인, 상인이자 은행가이고 중개인 사제, 대도시에서 커다란 아파트를 위해 600리라나 지불하고 있는 월급 200리라짜리 철도 직원. 이러한 복잡한 관계는 짐승 같은 만남과 충동적인 관계였다.

그러한 관계만으로 충분했다. 그러나 이후 사용된 방식은 구태의연했다. 손도끼(살해에 사용된 흉기), 클로로포름(마취제) 혹은 최면술이 사용되었다. 늑대는 근대성의 승리를 차지하기 위해 노아의 홍수 시대 이전의 구시대의 유물과 같은 범죄를 저질렀다. 갈기갈기 찢기고, 핏물에 손을 담그고, 그것을 보는 것에 재미를 느끼는 야수적인 취향을 가졌다. 군중 모두에게는 어느 정도 자극적인 피 냄새에 광분하는 늑대와 같은 취향이 있다. 그렇게 승리한 근대성은 원시의 동물적인 본능만을 만족시키고 있다.

1918년 3월 18일

4장
—

자유와
법

Odio gli indifferenti

시민의 권리

《코리에레 델라 세라Corriere della Sera》지는 "빵을 배급받기 위한 배급표만으로는 충분하지 않다"라는 주장을 통해 자유보장증(자유를 보장하는 표나 증서의 의미) 도입의 필요성을 보여주었다. 이 얼마나 천재적인가? 만약 그 자유보장증을 구체적으로 만들 수만 있다면, 그러한 제안에 우리가 즉시 강력하게 연대할 수 있다는 의지와 행동을 보여줄 수 있을 정도로 천재적인 제안이다. 자유보장증은 아래의 내용을 담은 법으로 구성할 수 있을 것이다.

1. 체포된 이탈리아 시민은 어두컴컴한 유치장에서 최대 열흘 이상 구금될 수 없으며, 열흘 안에는 자신의 사건을 담당하게 될 판사에게 인도되어야 한다. 이 경우 일시적이라 할지라도 자유를 다시 획득해야 한다.

2. 사전구속은 오직 심각한 범죄인 경우에 한해서만 가능하며, 유죄 판결의 최저 기준을 넘어서는 기간 동안 연장되어서도 안

된다.

3. 만약 국가 기관의 잘못으로 시민이 자유의 권리를 박탈당했다면, 대리인과 판사 및 간수는 그러한 불법 행위에 대하여 일종의 보상금으로 연대 책임을 지고 1만 리라를 지급해야 한다. 만약 지불 불능의 상황이 되면 투옥 날에 해당하는 만큼 보상액을 감해주어야 하며, 범죄기록증명서에 이러한 사실을 기재하고 직무로부터 면직되어야 하며, 5년간 시민의 권리를 박탈하여야 한다.

증서에 자유의 한계를 표명하는 것이 중요하지만, 승인되고 일치된 자유의 최저 기준에 대한 확실하고 구체적인 내용이 포함되어야 한다. 증서는 단지 일반적인 시민들을 위해서만 필요한 것이 아니라 시민들을 보호하는 이들에게도 필요하다. 그것은 개인뿐 아니라 특히 다른 이들에게도 매우 엄격하게 적용되어야 한다. 설탕 배급표 경우와 같은 사건이 다시 발생하면 안된다. 빵과 마찬가지로 자유도 보장되어야 한다. 우리가 갈망하고 있는 권리인 자유 증서는 영국에서 거의 300년 전부터 존재해왔다. 영국은 이탈리아의 동맹국으로서 오랫동안 자유와 정의를 위한 내전과 혁명이 일어난 나라이기도 하다. 그러한 자유를 이탈리아 정부에서도 도입하여야 한다. 비록 국왕의 포고령에 의해 도입되더라도 말이다. 그러나 영국에 존재하는 백만장자들 때문에 영국을 찬미하고 있는 《코리에레 델라 세라》에서 언급하고 있는 이탈리아에서는 이탈리아적인 자유 증서를 도입해야 …

설탕 없는 설탕 배급표: 빵 없는 빵 배급표: 계엄령과 바바-베카리스Bava-Beccaris가 있는 자유 증서(전시 상태에서 정부가 포고한 계엄령과 이를 책임지고 있는 두 사람의 정부 지도자의 이름)를 말이다.

1917년 9월 10일

판사의 의무들

이것은 역설적인 찬사는 아니다. 이것은 정의(올바름)이며, 현실의 장점들을 인식하는 데 필요하다. 그러나 그러한 장점들이 알려졌던 때는 오래전이었다.

폰지오 필라토는 종교적인 증오의 대상이었던 그리스도교의 가장 위대한 희생자였다. 그의 이름은 불명예로 뒤덮여 있으며, 연약함의 동의어이자 특징 없는 무색의 존재를 상징하게 되었다. 그가 내렸던 유죄 선고에 대해 어느 누구도 정당성을 옹호하려고 하지 않았다. 그리스도교는 지성을 구속했으며, 진실을 공정하게 밝히려는 것 역시 방해했다. 필라토에 대한 중상모략은 계속되었으며, 종교적인 시각에서 벗어나 있던 이들 역시 그를 비방했다. 그들은 예수 그리스도의 죽음을 통해 초기 기독교인들의 종교적 선전과 전파의 필요성을 활용했고, 그리스도교에 귀의하고자 하는 이들의 바람을 신화와 같은 역사적 사실로 바꾸었으며, 종교재판의 희생양이라는 역사적 사실을 강조하는 사실만을 보았다.

폰지오 필라토는 영웅적인 재판관이었다. 예수 그리스도의 무죄를 확신하였음에도 그는 로마제국의 외국인 노예들에 의해 행해질 참수형을 집행시켰다. 그것은 매우 커다란 논쟁을 불러일으켰다. 그러나 단지 논쟁만이 있는 것은 아니었다. 폰지오 필라토는 그저 자신이 맡은 역할과 의무를 용의주도하게 실행하였다는 죄밖에 없으며, 영웅적으로 자신의 직무와 역할을 충실히 실행한 죄밖에 없다. 그는 개인적인 양심이나 시민으로서의 사적인 판단에 따라 흔히 볼 수 있는 사심이나 욕망에 복종하지도 않았고, 자신의 직위를 남용하거나 이용해 재판을 받는 이들을 굴복시키려 하지도 않았다. 그가 내렸던 판결의 질적인 면은 개인적인 시각이었음에도 시민으로서의 사적 판단이라는 평가를 침묵케 할 만큼 공정한 것이었다.

폰지오 필라토는 유대 지역에 있는 티베리오Tiberio 지방의 판관이었다. 그의 권한과 역할은 로마법에 엄격하게 규정되고 명시된 규율을 지키는 것이었다. 당시 로마법은 매우 자유로웠다. 다만 로마법을 어기는 이에게는 엄격한 형벌이 부여되었다. 세금 납부를 거부하는 이, 카이사르(황제를 의미)와 총독들의 지배를 위태롭게 하는 이들이 그랬다. 그 외에는 모든 이가 자유로웠다. 유대인들은 매우 독립적으로 활동하였다. 그들은 법률에 따라 질서를 지키면서, 유대 지역의 관습과 습관에 따라 행동하였다.

행정력과 통치력을 갖고 있던 로마의 통치기구는 이러한 법률과 관습을 존중하면서 지역에 따라 안정적이고 형평성 있게 법을 승인하고 집행했다. 폰지오 필라토 역시 그런 이유로 자신의 역할과 집행을 공정하게 진행했다. 위선자들과 공화주의자(공화주의자들은 당시 국가를 세우는 데 공헌한 사람들이었다)들의 혹평에도 그는 예수 그리스도의 유무죄 판단을 거부하였고, 예수 그리스도를 영원히 에로데Erode로 추방해버렸다. 예수에게 향한 비난들은 로마법에 규정되어 있던 규율과 법규를 어긴 것에 대한 것이 아니었으며, 국가의 중범죄에 해당하는 것도 아니었다. 다만 필라토는 가능한 한 로마의 엄격한 법률 적용을 위해 위선자와 공화주의자 그리고 신전의 사제가 원하는 법적 해석을 추종하거나 그대로 적용하여 집행하기를 거부한 재판관이었다. 국가 법률의 유일한 해석가로서 그는 단순히 광장에서 소리나 지르거나 사람들을 선동하지도 않았다.

예수는 비록 유죄를 선고받았지만, 선고가 로마법의 정식 절차에 따라 선언된 것은 아니었다. 예수에게 유죄 선고를 내렸음에도 폰지오 필라토는 황제가 자신의 재판에 상당한 관심을 가지고 있다는 사실을 인지하지 못했으며, 그 영향력에서도 자유로웠다. 단지 유대 지방의 관습에 따라 예수에게 명하여 법에 복종하라고 선고했을 뿐이었다. 그는 로마법에 따라 로마의 판관에게 보장된, 해당 지역의 관습과 자치를 존중할 권리를 충분히 살려서 그런 판결을 집행한 것이다.

기독교는 폰지오 필라토를 비방하고 비난한다. 그러나 현대적 시각과 지성의 관점에서 보면 필라토를 비난할 수 없다. 오히려 칭찬해야 한다. 로마제국의 멸망 이후 로마의 법률체계를 지키고자 하는 의식은 점점 약해졌다. 그러한 의식의 재획득은 새로운 시대에 나타났다. 사법부의 독립은 현대의 인간이 획득한 정의를 담보하는 위대한 권리의 하나였다. 프랑스와 영국, 그리고 독일과 미국에서는 그러한 과정이 진행되었지만 이탈리아에서는 그렇지 않았다. 이탈리아 왕국의 기본법에는 사법부의 위상이 행정부보다 하위에 있다. 그러나 무엇보다 문제는 사법부의 독립에 몇몇 한계가 분명히 존재한다는 점이다. 법률에 대한 해석은 항상 판사에게 귀속되어 있다. 판사는 오직 시민이 법률을 위반했을 때, 그리고 그가 처벌을 받을 만한 범죄를 저질렀을 때, 그리고 법률의 위반이 즉시 체포될 정도의 즉각적일 위법 상황일 때만 법률의 유무죄를 판단할 수 있다. 이탈리아에서 위선자들이나 공화주의자, 그리고 주식시장 관련 법률에 의해 확정된 판례와 여타 일련의 행위에 대한 유무죄 판단은 사법부 권한으로 귀속시킬 수 있다. 사법적 전통은 그렇게 하도록 요구하고 있으며, 항상 로마법에서 유래된 이와 같은 전통을 지키도록 하고 있다. 그것은 로마법과 로마문명의 미래 전달자들에게 이를 주지시키고 모든 이들에게 널리 알리기 위한 것이다. 로마의 재판관들은 법을 준수함으로써 로마법에서 규정하고 있는 세심함과 판결의 자유주의적 성격에 대한 사실을 강조하고 널리 공표하고자 했다.

　로마 전통의 보존자인 우리 이탈리아인들은 사법부의 이러한 열망과 법정신을 따르고자 지속적으로 법의 준수를 요청받는다. 재판관들은 이탈리아 시민들이 동의하는 자유가 최소한이라도 보장되지 않는 법률에 의문을 품고 있다. 또한 현 정부가 추진하고 있는 법체계와 사법부의 위상을 급여나 경제적 보상의 문제로 단순화시켜 이를 위해 법률이 바뀌어야 한다는 논리를 펴는 데도 의구심을 가지고 있다.

　이러한 태도는 폰지오 필라토의 명예회복을 위해서도 반드시 필요하다. 폰지오 필라토가 얼마나 법에 순종하는 인물이었으며, 국가 형법에 대한 책임 있고 권위 있는 해석자이자 독립적인 구원자였는지를 밝히는 것은 진정한 법의 가치를 나타낼 수 있는 기회이다. 동시에 그것은 큰소리로 비난하는 위선자들이나 공화주의자들(이들은 로마에서 군 병력의 충원을 주장하던 이들이었다)의 앞잡이와 같이 비천하게 보일 수도 있을 것이다. 그러나 그것이 비록 십자가에 못 박히는 형벌이었을지라도, 그것은 그저 십자가에 못 박히는 형벌에 지나지 않는 것이다.

1917년 9월 29일

예수와 수백만의 사람들

한 인간(예수를 의미)이 지구 표면의 일부분에서 태어났다. 육신을 가지고 태어난 그의 삶은 십자가 위에서 죽음을 맞이하며 불행하게 종결되었다. 그러나 그의 위대한 작업과 언어는 계속해서 널리 퍼져 드디어 수백만의 생명이 되었다. 그는 역사 속에 하나의 이정표가 되어 인류의 가슴속에 남아 있다. 그렇게 그는 신화가 되었고, 보편적인 지식의 일부분이 되었으며, 불멸이라는 명예를 획득했다. 그 불멸은 오직 세속인들만이 허락한 것이며, 그것은 아주 숭고한 단어이자 세상의 도덕적 삶의 가장 존귀하고 존엄한 존재를 나타내는 것이었다. 그러나 그러한 상황은 사후에 만들어졌으며, 앞으로 태어날 사람들의 의식 속에도 각인될 것이다.

새로운 문명은 대개 창시자의 이름을 따서 불렸다. 새로운 문명은 역사적으로 필요한 것이었으며, 이전의 문명 속에 잠재적으로 포함되었던 것이 다시 나타난 것이었다. 그 사람은 그러한 필요성을 불멸의 언어로 표현할 수 있었고, 어떻게 표현하는지 알고 있었다. 또한 그는 그러한 필요성을 확산된 지식으로 만들었으며, 그렇게 하여 그것을 새롭게 세상에 탄생시켰다. 그는 그리스-로마의 세상에 아주 강력한 새로운 생각을 전파시켰다. 혈통(피)과 인종의 차별성이 인간 사이에서 발생하는 불평등의 원인은 아니었다. 인간은 동일한 아버지의 자손이기 때문에 평등하며, 또한 동일한 죄의 흔적을 갖고 있기 때문에 평등한 것이다. 또한 진정한 삶을 살기 위해서 평등한 정화와 믿음의 필요성을 지켜야 한다는 압박감 때문에 인간은 평등한 것으로 여겨진다. 그러나 그러한 생각이 세상의 평등함을 이야기하는 것은 아니다.

처음에는 사회적으로 하등하다고 믿었던 수백만 명의 사람이 예수가 이야기하는 평등에 대해 들었다. 인간 육체에 대한 소유권을 인정하는 제도라 할 수 있는 노예제도는 빠르게 퇴락해갔다. 이와 같은 수백만 명의 사람들은 인간으로서의 존재감을 느끼기 시작했다. 그들은 자신들의 본질에 대하여, 그리고 자신들의 존재에 대하여 다시 고민하기 시작했다. 그들이 생각하는 구원에 대한 공식은 육신을 가진 한 인간이 특정 장소에서 죽음을 당했던 한 인간으로부터 도래한 것이다. 수백만의 인간들은 죽음을 당했던 한 인간의 사망 장소를 통해 자연적으로 그리고 순수하게 자신의 의식과 동질감을 가졌다고 확신했다. 그들은 예수 이전에는 그저 이상적으로만 알고 있던 현상을 실제로 존재하는 사실로 확신하였다. 그렇게 예수와 그의 죽음을 기리기 위해 여러 사람이 차례차례 피를 흘리면서 죽어갔다. 그들은 자신들의 희생을 견뎌냈고, 화형을 당하기도 했으며, 때로는 고문으로 고통받았다. 그러나 이상理想의 물질화라 할 수 있는 신화는 지속적으로 도덕적이고 금욕적인 윤리를 점차 순화시키면서 여전히 진행되었다. 다른 사람들은 계속 자신을 희생하였다. 자유롭다는 것이 누구에게나 동일한 인간의 의식이라는 점을 그들은 확신하였다. 인간 스스로 자신의 의식과 믿음을 인식하게 되면서 노예 상태에서 벗어나려는 인간 의식이 존재한다는 사실을 확신하였다. 신격화된 한 인간, 그리고 가공하여 만들어진 인위적인 위대함을 갖춘 인물로 그려진 그 사람은 평범한 인간으로 다시 돌아왔다. 그는 진실의 주창자이자, 홍보자이며, 순교자였다. 그는 진정 위대한 영원불멸의 인간으로 성장하였다. 그의 언어와 생각은 기록으로 남겨져 숭고하고 성스러운 단어와 어록이 되었다. 그가 행한 숭고한 희생은 역사를 통해 보다 많은 이들이 믿고 추종하는 놀라운 종교적 영향력으로 변하였다. 신의 섭리에 대한 증언은, 비록 그것이 최상과 완벽함이 아니었더라도, 인간성에 대한 보다 나은 그리고 가장 완벽한 증언이 되었다. 그것은 지속적이고 인내할 수 있는 투쟁에 대한 보다 의미 있고 중요한 순간이 되었다. 인간들은 자연과의 투쟁 속에서 항상 보다 자유롭기 위해서, 그리고 자연을 현실 속에서 구체화하기 위해서 투쟁을 전개해왔다. 이 과정에서 인간은 다양한 수단과 강력한 의지를 보여주었고, 주체적으로 살아가기 위한 투쟁을 전개하였다. 인간들은 자신들의 활동을 통해 설정했던 목적이 항상 좀 더 나은 방향으로 진행되도록 노력했다. 그러한 목적은 더 이상 현실 세계의 것이 아닌 천상 세계를 위한 것이었지만, 그것은 좀 더 인간적이고 세속화된 것이기도 했다. 이루어야 할 불멸성은 지상에서 구현할 수 없는 것이었으며, 그것은 인간들의 인식 속에서, 그리고 그들 후손들의 기억 속에서 계속해서 살아 움직이고 있다고 인식하였다. 이는 후손들이 현재의 환경과 조건을 계속해서 더 낫게 만들기 위해 노력하고 있다는 것을 증명한다. 미래가 더욱 나아질 것이라고 믿기 때문이었다.

이렇게 하여 신화는 해체되었다. 동시에 과거의 일화에 대한 물질적인 상징들은 그 중요성을 점점 더 잃어가게 되었다. 무덤과 도시들이 그러했다. 두 개의 장소와 공간은 다시 단순하게 무덤이 되거나 도시가 되었다. 인간에게 생생한 빛과 광명으로 빛나는 시대가 도래하자 인간은 깨달았다. 인간의 의지와 지식, 그리고 그들의 숭고한 작업이 오히려 시대와 역사 속에서 더 빛을 발하고 광명의 시대를 앞당긴다는 사실을 말이다. 그러한 인식과 깨달음은 예루살렘 해방을 위한 십자군 전쟁 중에 발생한 많은 사건 중 하나였으며, 그것이 인간의 해방을 위해 만들어진 것이 아니라는 깨달음으로 이어졌다. 예루살렘의 해방을 알리는 망루의 종들이 해방의 축복이 아니며, 군중들 역시 거리와 광장에서 희열에 겨워 환희와 기쁨의 소리를 지른 것이 아니었다. 그들은 예루살렘이 해방되었다는 사실 때문에 기뻐했던 것이 아니라, 인간들이 예루살렘으로부터 해방되었다는 사실에 기뻐했다. 화석화되고 물질화되었으며 교조주의적이 된 자유란 결국 노예 상태에 불과하다는 사실을 알게 되었다. 또한 인간이 기독교 신화와 기독교적 유물론의 노예 상태에서 해방되었다는 사실을 기록하였지만, 그것은 다소 변형되어 다가올 미래에 전해짐으로써 우리가 알고 있는 사실과는 다르게 된 이유가 되었다.

1917년 12월 22일

역사는 항상 동시대적이다

철학자 크로체는 '역사'가 항상—그러나 항상 그럴 수 없음에
도—'동시대적'이라는 사실을 보여주기 위해 여러 권의 역사책
을 썼다. 과거의 사실은 단순한 지정학적 표시나 유물론적 기록
및 기억의 도구가 아닌 역사여야 한다. 이를 위해 역사는 숙고의
대상이 되어야 하며, 이때의 과거 사실에 대한 재再숙고는 동시
대적이어야 한다. 왜냐하면 가치와 질서라는 '동시대적' 인식에
필수적으로 종속되어 형성된 요소는 반드시 과거의 역사를 만드
는 사람과 과거의 사실에 대해 다시 생각해야 하는 사람으로부
터 동시에 나온 것이어야 하기 때문이다.

철학자 크로체는 그런 면에서 의심의 여지없이 옳았다. 그의
이러한 정당함은 결코 우리가 갖기 힘든 설득력 덕분이다. 우리
는 이제껏 한 번도 증명되지 않았지만 광범위하고 깊이 있는 많
은 경험 속에서 살고 있다. 우리는 과거에 대한 인식과 과거의

심리와 사건 추이를 보다 잘 이해하고 있으며, 학교 교육에서 우리가 독재자라고 부르는 데 익숙한 이들의 시대는 유혈이 낭자한 지배 체제였다고 인식하고 있다. 그러한 독재자들은 잔인한 인상의 참모들과 살인자 같은 이들에게 둘러싸여 있으며, 자신에게 반대하는 이들을 옥에 가두거나 교수형에 처하는 판결문에 서명하기 위해 혈안이 되어 있다.

'현실의' 지식은 우리에게 매우 잔인하다. 그 지식은 우리에게 그러한 사실들이 갖는 비극과 슬픔에 대해 다시 생각하게 하며, 현실을 좀 더 가까이서 들여다보면서 독재자들의 행보와 행동을 다시 돌아보게 해준다. 그들 독재자들은 자신의 시대에는 보편적으로 유행하지 않았던 특이한 고문 방식과 새로운 개념들을 만들어내기도 했다. 그들 독재자들이 만들어낸 개념의 하나가 유물론자였다. 그런 의미에서 보자면 독재자들이야말로 외형적인 기준에 의해 정신적인 현실을 측정한 유물론자들이었고, 현실을 물질로 평가한 유물론자였다. 또한 독재자들은 현실을 감각적인 외형으로만 판단한다. 검열제도를 운용한다는 것은 언론에서 중국인들의 자유에 대해 이야기하는 것은 허용하지만, 이탈리아인의 자유에 대해서 이야기할 때는 삭제된다는 사실을 의미한다. 수천 킬로미터 떨어진 먼 곳의 자유가 그들 체제에는 위협적인 일이 아니기 때문이다. 예수회 계열 대학에서 만약 학생이 공화주의와 민중들의 이상 그리고 침해된 평민계급의 권리에 대해 이야기하면 아주 엄하게 벌을 받는다. 그러나 동일한 학생이 창조력을 발휘하여 무대 위에서 각색한 로마공화국의 모습들을 행동과 대사 등으로 표현하면, 고대 로마 독재자의 역할을 자연스럽게 수행할 수 있었다. 이 경우 주인공과 조연들은 감정에 북받쳐 떨리는 목소리로 귀족에게 박해받는 평민을 찬양하고 국가 개혁의 열망을 고취시킬 수 있었으며, 평민들로 하여금 소요를 일으키거나 반란을 일으키도록 자극할 수도 있었다. 자유는 멀리 떨어진 과거라는 시간 속에서 볼 수 있으며, 그것은 그리 위험해 보이지도 않았다. 오히려 운이 좋다면 열정적이고 고전을 사랑하는 고위 관료가 이그나치오Ignazio 성인을 극적으로 재연한 모범적인 사례라고 칭찬하면서 상을 줄 수도 있는 것이다.

외재성은 독재자들을 폭정으로 이끈다. 질서(명령)와 훈령은 가시적인 상태로 존재하기를 원하며, 그러한 가시성으로부터 사회와 국민들이 무질서한지, 혹은 규칙은 잘 지키는지를 심각하게 판단한다. 수염이 많다는 단순한 이유로 박해를 당한 기억도 있다. 이 경우 수염은 20년 전에 발생했던 파괴와 전복의 상징이었다. 20년 전에 전복과 파괴 활동에 참가한 사람들이 대부분 수염을 기르고 빨간색 머플러와 챙이 넓은 모자를 썼던 것을 이런 방식으로 가시화하는 것이다. 이는 마치 지금도 그런 모습을 한 이들을 대하는 것과 같은데, 팔꿈치에 완장을 둘렀다는 이유만으로 이들을 불온시하는 것과 같다. 완장을 아주 높이 들어 올리지 않은 사람, 그리고 그 완장을 핀으로 고정하지 않았지만 자연스럽게 가장자리부터 아래 방향으로 늘어지게 내버려둔 사람을 폭도라고 단정했고, 그 사람을 무정부주의자나 공산주의자라고까지 단정하지 않은 것이 다행일 뿐이다. 외재성은 계속하여 독재자의 뇌를 폭정으로 이끈다. 무덤은 하얗게 되어 있어야 하며 해충이 끼거나 더럽혀지지 않은 매끈하고 깨끗한 관처럼 보이도록 했다. 의식과 내재성 이외의 것은 존재하지 않았다. 보이지 않은 것이 아닌 외재성을 나타내는 것만 존재했는데, 수의(의상), 관의 형태, 두개골을 담은 상자만이 존재하는 것이다. 그들의 대화에는 핵심적인 내용이나 주제와 동떨어진 이야기들이 오간다. 죽은 사람의 의식이나 영혼을 어떻게 할 것인지보다 그저 두개골이 담긴 상자를 어찌할 것인지를 이야기하며, 죽은 사람이 들어 있는 관마저도 어찌하면 좁은 골방 같은 공간에 가둘 수 있을 것인지를 이야기한다.

'현실성'은 우리에게 과거와 과거 인간의 심리상태를 진정으로 되살아나게 한다. 우리의 생각을 명확하게 하며, 우리에게 적절한 단어나 어휘로 변형시킬 수 있게 한다. '독재'라는 단어를 못 쓰도록 하며, 다시는 쓰지 못하여 저절로 사라지게 하려고 한다. 독재라는 단어를 다른 단어, 예를 들면 '불가피함'이나 우국, 애국 등의 '민감한' 단어들로 대체하려고 한다. 과거의 역사를 현재의 역사로 탈바꿈하고자 하는 이들이 바로 독재자이다.

1918년 2월 5일

자유와 권력남용

로마 정부의 검열 제도에 대한 오독은 결국 라차리Lazzari 동무가 1월 25일 체포되면서 사실로 드러났다. 부르주아 신문들은 사끼 Sacchi 법령*의 외투 속에 숨어서 그다지 신빙성이 적고 불법성도 크지 않은 그의 행보를 그가 무언가를 꾸몄다는 사실로 포장하여 마치 범죄 사실이 발각된 것처럼 보도했다.

우리가 이 사건에 분노해 그저 감정적으로 대응하면서, 격한 감정으로 탄식을 소비하는 이들이라는 사실을 알리려 한 것은 아니었다. 좋은 모험보다는 나쁜 모험에 익숙한 사람인 라차리는 사회당 소속의 사회주의자로, 당비서라는 공식적인 정치적 직함을 가졌음에도 체포되는 것을 막을 수 없었다. 이미 존경하

* 1917년 10월 4일자 제안자의 이름을 따서 붙여진 사끼 법령은 반애국주의 행위에 대한 의심만으로도 사법처리와 재판을 행정기관에서 처리할 수 있는 가능성을 주는 법안이었다.

는 모르가리Morgari 의원이 그와 유사한 일을 당했으며, 이에 당은 그와 함께할 수 있는 방법과 길을 선택할 것이다.

우리는 현재 이탈리아에서만 일어나고 있는 몇 가지 일에 유심히 주목하고 있다. 특히 경찰의 행동 기준, 사법부에 의해 하달된 행동의 판단 기준에 대하여 종합적인 검토를 진행하고자 한다. 그것은 우리가 대응이라는 명목으로 익숙해진 판단이다. 이는 순수하게 이탈리아적인 현상이다. [특히 사끼의 포고령은 학자들에게 이탈리아 사회의 붕괴와 혼란에 대한 조건과 환경을 알 수 있는 아주 귀중한 학술 자료로 남을 만한 것이며, 실제로 이를 통해 이탈리아 사회의 부르주아적 성격을 발견할 수 있다.]

이런 일은 공무나 공적인 행정 처리가 빈번하지 않은 작은 지역이나, 시민과 시민 간의 관계가 그다지 복잡하거나 다양하지 않은 지역, 그리고 경제적 재화 분배 사무가 그리 많지 않은 지역에서는 거의 일어나지 않는다. 그러나 크레모나Cremona 시의 하원의원(라차리 의원을 지칭)에게 일어난 사건은 민주주의에 대한 무지에서 빚어진 것이었고, 이와 유사한 사법적인 괴물에 의해 빚어진 사건이 가능하다는 것을 입증했다.

그런데 실질적으로 사적 자유의 박탈에 지속적으로 노출되지 않는 상태에 있는 시민들의 경우 그들의 안전이란 무엇을 의미하는 것일까? 그 안전은 경찰과 같은 안전기관으로부터 혹은 전제적인 사법부로부터 안전하게 보장되는 것일까? 만약 노동에 필요한 환경이, 혹은 자유무역과 생산 및 자본주의 체제의 모든 활동이 총체적으로 체제를 위해 적응하는 데 필요한 환경을 갖추지 못했다고 한다면, 필요한 환경이란 대체 무엇일까? 그러므로 이탈리아에서 지적이고 활동적인 소수의 사람들이 고뇌하고 있는 모든 불행과 불운은 이러한 자본주의 체제와 안전 기관들의 무능이 가져온 필수불가결한 결과물이다. 또한 그것은 우리가 이탈리아에서 부르주아 계급—사회주의자들이 명예롭게 인정하며 부르는 호칭으로서—이라고 부르는 일정 계층에서 볼 수 있는 사람들이 가지고 있는 혼란과 붕괴를 가져오게 된 조건들의 필수불가결한 결과물이다. 이탈리아에서는 사무실이 정시에 문을 열거나 기차가 정시에 도착하거나 혹은 대담을 정시에 시작한다거나 하는 일들을 보기가 쉽지 않다. 왜냐하면 이탈리아에서는 시간에 대한 가치를 중요하게 생각하지 않기 때문이며, 결코 시간이 생산에서 중요한 경제적 요소가 아니기 때문이다. 열 시간 전과 열 시간 후의 가치를 보면서, 그 시간을 어떻게 채워야 할지 모르는 이에게 열 시간은 과연 어떤 의미일까? 자유에 대한 것도 마찬가지다. 자유를 활용할 줄 모르는 이에게 자유가 대체 무엇이란 말인가? 그러한 이에게 자유는 어떠한 방식으로 경제적인 가치—노동과 생산의 기회 가능성—가 될 수 있을 것인가? 개인의 자유와 권력 남용을 막는 것은 노동과 생산 조직이 잘 조화를 이루고 있는 사회를 확보할 때만 가능하다.

나는 다음의 일화를 하나 기억하고 있다. 대학 시절 한 교수가 나에게 런던 하이드파크를 방문했던 경험담을 들려주었다. 교수는 당시 울분에 차 고귀한 분노를 터뜨리는 영국 시민들을 보았다. 여러 시민들이 땅에 깃발 하나를 꽂고, 지나가는 사람들의 이목을 끌고 주의를 모으기 위해 의자에 올라가 연설을 하고 있었다. 주변에 약 20여 명의 사람들이 모였는데, 모두들 자신의 생각에 대해 이야기하였다. 그들은 모두 자신들이 믿고 있는 정당 혹은 종교적 종파의 구성원이었다. 그중에는 개신교도나 사회주의자, 무정부주의자, 그리고 새로운 신학을 믿는 이들이 있었다. 그 교수는 무정부주의자들이 이야기할 때, 멈춰 서서 그들이 하는 이야기를 들으면서 매우 인상 깊었다고 전해주었다. 그때 마침 옆에 있는 경찰관 한 사람에게 당시의 상황을 어떻게 생각하는지 물었다. 교수는 경찰관에게 "그런데 당신은 여기서 무엇을 하십니까? 어째서 당신들은 저들의 발언을 그냥 놔두는 거요?" 그 질문에 경찰관은 냉담하게 이야기했다고 한다. "제가 여기에 온 것은 사람들이 자유롭게 이야기할 수 있는 자유를 뺏으려는 당신과 같은 사람들을 침묵시키기 위해서입니다." 그 영국 경찰은 옆에 있던 이탈리아 교수에게 영국의 자유주의에 대하여 그렇게 훈계하였다. 이 일화에서 이탈리아 부르주아의 정신 상태를 알 수 있는 사실을 하나 발견할 수 있다. 그것은 마치 사끼의 포고령에 사끼 자신의 열등감이 반영되었다는 사실과 같은 유형의 상황이었다. 이 에피소드에서 자유의 진정한 의미가 무엇인가를 잘 알 수 있다. 유사한 부류의 사건에서 희생자를 만들 성격의 사건은 아니라는 점이다. 그러한 의미에서 보자면, 라차리 의원의 경우에는 오직 유감만이 존재하는 사건일 뿐이다.

1918년 2월 8일

통제 밖의 자본주의

폐기물 추문*에 대한 우리의 시각은, 프람폴리니C. Prampolini의 정의에 따르면 다음과 같다. 착취의 본질을 가진 자본주의의 투기적 속성―자본주의는 교묘하게 투기를 하며, 그 폐해에 대해서는 처벌받아야 한다―은 전쟁 중이건 평화 시기이건 항상 존재한다. 자본주의는 할 수 있는 만큼 그리고 할 수 있는 곳이면 어디에서든 자본주의 체제에서 만들어낸 상품을 판매할 출구를 찾으며, 주식을 통해 이익을 창출하고자 한다. 그것이 자본주의의 특징이며 사명이자 운명이다. 이탈리아인이 독일인에게 팔기도 하고, 오스트리아인이 프랑스인에게 팔기도 하며, 영국인이

* 여기서 그람시는 총기에 사용하는 화약을 담는 작은 주머니를 만드는 공장에서 나오는 실크와 면의 폐기물에 대한 밀수에 대해 언급하고 있다. 1918년 이탈리아 공화당 출신의 한 하원의원이 언급한 발언에서 발전된 것으로 다른 거대한 이탈리아 산업계까지 끌어들인 커다란 사건의 하나였다.

터키인에게 팔기도 한다. 자본주의는 국제적 성격을 가지며, 이탈리아가 다른 나라들에 비해 더 나쁜 체제인 것도 아니다.

이것이 우리들의 시각이며, 바로《민족주의 사상Idea Nazionale》의 시각과 완벽하게 일치하는 시각이다. 여기서《민족주의 사상》의 시각이 무엇인지 이해할 수 있다. 바로 그 점 때문에 그 잡지를 향한 책임감이 때때로 약화되기도 하며, 아무도 더 이상 진지하게 책임을 지려 하지 않기도 한다. 이제 지난 사건으로 체포된 이들은 즉각 석방되어야만 한다. 체포해야 할 것은 오히려 특별한 거처도 없이 떠돌면서 세상 어느 곳에서나 방랑하고 있는 자본주의라는 신사다.

그러나 이것이 사회주의자들의 일반적인 시각은 절대 아니다. 역사 혹은 일상(그것이 비록 재판에 대한 일일지라도)을 만드는 과정에서 사회주의자들은 추상적인 것들이나 태생적으로 불분명한 것들을 거부한다. 사회주의자들은 자본주의 사회에 무언가를 악화시키는 일반적인 경향이 존재하는 것은 맞다고 주장하지만, 그런 이유 때문에 사적 책임과 사회적 책임을 혼동하지는 않는다고 주장한다. 부르주아의 생산은 투기, 사기, 환상이 될 수 있지만, 자본주의의 사명과 운명은 사기가 아니다. 그것은 부를 증식시키는 것이며, 사회적인 부와 자산의 총합을 증가시키는 것이다. '정의'의 시각에서 사회를 바라보는 신학적인 관점으로 다시 돌아가면, 자본주의 사회의 관점 역시 가톨릭의 전지전능한 신에게 상응하는 추상적인 신의 섭리가 이를 대체한다. 그것 때문에 자본주의 사회에 대한 연구는 무용지물이 되며, 역사적인 사실들과 역사에 대한 연구가 무용하게 되고, 관습에 대한 검토 역시 무용하게 된다. 자본주의 사회에서는 모든 이들이 평등한 데, 그것은 어느 곳에나 자본주의가 있기 때문이고 자본주의가 원하지 않은 변화는 절대로 일어나지 않기 때문이다.

　이러한 치명적인 추상주의는 결코 우리의 시각도 아니며, 시각일 수도 없다. 왜냐하면 존재 가능한 현실에서 벗어나기 때문이다. 존재 가능한 실제 사회에서 자본주의는 그저 부르주아 국가이며, 이때 국가는 법률과 관료들의 행정과 집행력으로 더욱 안정화된다. 그들의 입장에서 볼 때, 법률이나 관료 그리고 행정력은 의식주 생활을 하는 개개인 속에서 효력을 발휘하여 더욱 공고해진다. 그 개개인은 악당일 수도 있지만, 신의가 있는 신사일 수도 있다. 형법과 같은 법률 또한 자본주의 활동의 하나다. 이러한 법률들은 폐기물 밀수나 밀매에 형벌을 가하는 근거가 된다. 이러한 점에서 본다면 그들은 순수하고 단순한 자본주의자가 아니라는 의미이며, 동시에 자본주의자들이란 사악하게 일을 하는 인간임을 의미하기도 한다. 우리들의 시각은 바로 이렇다. 이탈리아 사회의 부르주아 조직 내에서는 제대로 작동하지 않는 통제 기관들이 몇 개 존재하고 있으며, 그들이야말로 진정한 자본주의 생산체계에 해악을 끼치고 있다는 것이다. 그런 이유로 이들 기관들이 범죄자들이나 사악한 집단처럼 의심스럽고 해가 되는 행동을 할 것이라는 예상이 가능함에도 여전히 방치하거나 무시한다는 것이다. 이런 면에서 본다면 이탈리아 부르주아 조직이 자본주의적인 측면에서도 매우 사악하다는 것을 알 수 있다.

프롤레타리아는 실현 가능한 질서(명령)를 완성하기 위해 지속적으로 압박하는 특정한 사명을 가지고 있다. 이는 프롤레타리아가 항상 생산과 부의 증진에 대해 더 우호적일 필요가 있거나, 항상 향상될 수 있도록 해야 하는 의무가 있기 때문이다. 따라서 프롤레타리아는 환경과 조건이 향상되도록 압박해야 할 필요가 있는데, 이는 부르주아를 멈출 수 있는 유일한 계층이자 집단이 이들 프롤레타리아이기 때문이다. 이러한 프롤레타리아의 정직한 자본주의 활동을 통해 종국에는 프롤레타리아 계급이 권력을 잡을 수 있도록 보다 적합한 사회적 삶을 실현할 수 있는 자연적이고 기계적인 조건(자연발생적으로 생겨날 수 있으면서 반복적이면서도 정형화된 틀을 가진 그런 조건들)들을 만들어나갈 것이다. 그러므로 사회주의자들은 국가의 통제기관들이 그들의 업무를 효율적으로 행사하고 능수능란하게 활용할 수 있기를 원한다. 그래야만 사회주의자들이 원하는 것을 제대로 할 수 있기 때문이다. 이는 오직 사회주의자들만이 경제적 이해관계에 집착하지 않으며, 사업 경영이나 운영에서 중립적일 수 있고, 일이 지체되지 않도록 하면서 그저 주어진 책임감에만 만족해하는 사람들이 아니기 때문이다. 실제로 폐기물을 상업적으로 마음대로 처리하지 못하게 하는 통제 장치가 필요하며, 이를 관리하는 관료와 폐기물을 방치하거나 버리는 일을 예방하는 행정 집행력이 필요하다. 그렇다면 관료는 진정으로 무엇을 해야 했던가? 관료는 자신의 의무를 다했던가? 그렇지 않다면 어째서 그러한 자신의 책무와 의무를 완료하지 못했을까? 이에 대한 조사가 진행되어야 하며, 이 사건의 전모를 밝히고 그에 응당한 책임을 물어야 한다. 이 과정에서 직무를 수행하지 못하는 무능력자들과 세금을 함부로 사용하는 공금 횡령자들은 당연히 축출되어야 한다. 만약 그렇지 않다면 체제를 없애고 불태워버릴 만큼 위험하다는 증거다. 따라서 그러한 사회적 임무를 완수할 수 있는 능력이 언제나 발휘될 수 있을 때만이 자본주의를 통제하고 통치할 수 있다. 그러나 만약 변화를 일으키려는 아무런 의지도 없는 채 자본주의에 지속적으로 변화와 개혁을 시도하거나 압력을 가하는 이도 없다면, 자본주의는 모든 사람의 무관심 속에서 영원히 지속될 것이다.

1918년 3월 16일

관료주의에 반대하면서

신문들은 공공교육부의 수위가 체포되었다고 발표했다. 그 수위는 사무원들의 책상 위에 놓인 서류들을 정기적으로 폐기처분하는 일을 하다 물자가 귀한 전쟁 기간 중에 서류를 폐지로 처분하여 부당하게 이익을 얻었다는 죄목으로 체포되었다.

그는 아마도 산속에 숨어 살다 현실세계로 나왔을 때 겪게 될 고통을 그대로 경험하게 될 것이다. 그는 재판에 회부되어 처벌을 받을 것이고, 결국에는 직장을 잃게 될 것이다. 그렇지 않고 만약 그 수위가 행한 일이 덜 관료적이고 시대에도 뒤쳐지지 않은 정당한—정당하다고 할 수 있다면—일이라면, 그 수위는 적어도 파면되거나 죄를 물어서는 안 될 것이다. 왜냐하면 너무나 하찮은 노동자인 그 수위만이 유일하게 가장 안전하고 빠른 자신만의 방법으로 산더미 같은 서류뭉치와 종이로부터 해방되는 길을 직접 실행에 옮겼기 때문이다. 그러나 몇 년 전부터 지난 기간의 비효율적 관료주의의 문제점에 대해 개선을 약속하였고, 행정제도 개혁을 위한 연구들도 지속적으로 진행되었으며, 행정 시스템의 근대화를 추진하고 언론과 대중의 몇몇 요구들을 받아들이겠다며 취임의 변을 통해 공언했던 모든 장관들에게 이는 당황스러운 사건이었다. 그들은 적어도 정부가 공언했던 숭고한 약속, 다시 말해 탈관료적이면서도 효율적인 행정을 다시 한 번 시작할 필요를 느꼈다. 그러나 제대로 지켜지지 않은 이러한 약속들은 오랜 관료적 구태와 거대하고 비효율적인 행정 조직 체계의 복잡한 구조로 인해 뒤죽박죽 얽혀버렸다. 행정 업무 처리에서 고통받고 있던 20세기의 많은 사람들은 일과 일처리에서 오는 스트레스를 줄이기 위하여 수많은 시도를 했지만, 여전히 산더미 같은 서류뭉치와 폐지 처리 문제가 그들을 괴롭히고 있었다.

이제 그런 종류의 해방들에 대해 생각해볼 필요가 있다. 거대한 불꽃이 책상과 책꽂이에 쌓여 있는 수천, 수만의 종이들로 만들어진 거대한 쓰레기를 소멸시키고 있다고 생각해보라. 그 주위에서 그동안 고통받았던 이들과 종이가 타도록 불을 지른 이들, 그리고 그 하찮은 수천 명의 이들이 해방 춤을 추는 것을 보는 것이 얼마나 행복한 일인지 말이다. 불행한 이들보다 훨씬 더 불행한 이들은 그런 서류를 진정 기록해야만 하고, 처리해야 하며, 처리의 완벽함을 과장해야만 하는 이들이다. 사실 그런 일처리의 거의 90퍼센트 이상이 쓸데없다는 것을 알고 있음에도 이를 개선하지도, 개선할 수도 없게 강요당했다. 직무를 처리해야 하는 사무실의 수신인과 별로 심각하지도 않은 사항들에 일일이 답해야 하는 일을 강요받는 업무, 그리고 이미 어떤 답을 할지 어떤 이야기를 할지, 뻔히 아는 질문을 강요당하는 것 등은 이미 오랜 기간 경험적으로 정형화된 업무를 아무런 개선이나 폐지 없이 관행적으로 해왔기 때문이다. 그리고 최상위 부처와 부서, 사장과 부사장 그리고 경영자 그룹이 우연히도 스스로 문제를 지속적으로 불러일으킴으로써 그런 일이 지금까지 벌어졌던 것이다. 1898년 12501 순환거리(교통 통제의 한 방식으로 도로를 한 방향으로만 통제하는 방법)의 교통법규를 누가 제대로 준수하지 않았는지, 또 사회봉사명령을 누가 준수하지 않았는지 등에 관한 사실과 힘들고 어려운 기간 동안에도 끊임없이 우상화 작업을 지시하는 일이 지속되었다는 사실도 알게 되었다. 모든 삶이라는 것이 마치 단테Dante가 자신의 아버지를 살해한 사람에게 직접 가한 고문과도 같지 않겠는가! 우리가 할 수 있는 것은 아무것도 없었다. 비록 부서장이 그에게 명령하여 온종일 전보를 분류하고, 다양한 서류에 서명하고 디자인을 넣은 형형색색의 엽서를 준비하라고 한다 해도, 그는 그 어떠한 반항도 할 수 없으며 그저 말을 잘 듣고 순종하며 복종하거나 침묵하는 수밖에 없다. 그는 상사들이 규율에 따라 '일에 대한 평가'를 담은 직무평가서를 채택하지나 않을까 걱정을 하며, 감독관들이 서명이나 도장을 혹시 잘못 찍지나 않을까 걱정을 한다. 그가 자신이 문장을 짓거나 글 쓰는 법을 제대로 안다는 사실을 보여주려고 상당히 많은 양의 보고서나 서류에 문장 하나하나와 단어 하나하나를 바꾸는 데 시간을 허비한다고 해서 시민들이 세금으로 지불하는 그의 보수가 적절하고 좋다고 생각할까? 또한 서류가 어떻게 결재되는지 이야기해줄 동료가 있다 해서 지겹고 긴 근무 시간이 즐거울 수 있을까? 그러한 이야기는 모두 알고 있는 결재 과정이 아니었던가?

예전에 아주 중요한 국가 기관에 속한 주요 부서 책임자가 한 사람 있었다. 그는 승진을 하게 되어 다른 직급과 직책을 얻어서 부서를 옮겨야 했다. 그는 고위관료로서 자신의 짐을 정리하고 업무 파악 등을 포함하여 새롭게 자리를 배치하는 몇 달의 준비 기간 동안 기존 사무실에 계속 머물렀다. 이미 승진으로 새로운 직급과 직무를 맡았음에도, 기존 직책이나 직무를 계속해서 수행하면서 잘 지낼 수 있었을까? 망할 놈의 권위와 빌어먹을 비효율적 행정편의주의 같으니라고! 여전히 그는 50여 개의 서로 다른 도장을 계속 찍어야 하고, 도장을 찍은 서류를 다시 다른 부서 사무실로 돌려보내는 일을 계속해서 해야 한다. 그 일을 사무실이 정리되어 새로운 부서로 옮기기 전까지 계속해야 했다. 그는 '한 부서의 장'이었지만, '부서의 지도적 직무를 맡아 업무를 분담하는 장'이기도 했다. 결국 후임자가 도착하면서 자신이 관리했던 도장들을 내팽개칠 수 있었고, 새로운 사무실로 돌아가 새로운 직무를 맡으면서 국가가 주는 몇 푼의 돈을 더 받을 수 있었다. 이 이야기는 겨우 그런 변화만을 이야기하는 하찮은 것이다!

그럼에도 관료와 행정 개혁에서 무언가 새로운 것을 기대할 수 있을까? 게다가 그러한 변화는 무언가를 불태우거나 서류를 없애버리는 그런 혁명적인 것이 아닌데도 말이다. 그럼 도대체 무엇을 해야 할지 누가 알고 있을까?

1918년 4월 3일

국가의 관료들

현대 이탈리아의 가장 심각한 병폐 중 하나는 바로 행정기관에 속한 공무원과 관료의 전문 지식과 현명함이 절대적으로 부족하다는 점이다. 불행한 이탈리아에서 일상적으로 벌어지는 불친절의 90퍼센트는 전적으로 행정 관료들과 공무원들로부터 기인한 것이다. 그것은 그들이 자신들의 의무를 다하지 않았기 때문이며, 그들이 전혀 책임감이 없는 사람들이기 때문이다. 이런 일들이 그들이 살고 있는 이탈리아라는 무릉도원과 같은 낙원에서 발생하고 있는 것이다. 여기서 이야기하는 낙원이란 자신들이 받는 그 많은 보수에도 서류를 전혀 읽지도 않은 채 서명을 하고, 쓸데없이 길게 늘어뜨린 서류를 작성하는 비용 외에는 그 어떤 비용도 들지 않은 곳이라는 의미다. 관료들은 일반적으로 농부와 동일한 정신 상태를 갖고 있다. 그 정신 상태란 농부가 기르던 닭이나 자신이 만든 소시지를 도시로 가져다 팔려고 할 때

세금을 한 푼도 물지 않고 팔 수 있는 날을 자신의 인생에서 가장 아름다운 날이 되기를 바라는 그런 마음가짐이다. 그러한 정신은 도시에서 전철을 타기 위해 필요한 표 한 장을 살 때, 혹은 오랫동안 기다렸던 여행을 위해 필요한 기차표 한 장을 살 때와 같이 꼭 지불해야 할 사회적 비용마저 모든 방법을 동원해 무료 혹은 돈을 내지 않고 탈 수 있기를 바라는 사람이 갖는 정신과 동일한 반사회적 정신 상태다.

순수하게 반사회적인 정신 상태에서의 이기주의는 단순한 동물적 본능과 그리 다르지 않다. 그러한 마음가짐은 사회 구성원들이 묵묵히 견뎌내고 있는 사회의 의무와 책무를 수행하면서 받는 피곤함으로부터 도피하고자 하는 상태다.

사회에서 주류에 속한다고 할 수 있는 대다수 공무원들이 현재의 직위와 자리에 취직하게 된 것은 그 자리가 요구하는 본질적인 자질에 그들이 적합했기 때문이 아니다. 오히려 직무가 갖는 기술적인 필요성과 그 직무에 맞는 지식을 입증했기 때문에 채용된 것이다. 그러나 실제로는 단순한 채용 과정에서의 외적 요인과 상부로부터 내려오는 채용 압력 그리고 간혹 작동하는 동정심 등이 이유가 되었을 수도 있다. 많은 사람들은 공공 행정을 가장 헌신적이고 희생적이어야 할 직무 혹은 사회적 삶의 가장 중요한 기관에서 행사하는 본질적인 직무로 인식하는 것이 아니라 장애인, 질환이 있는 사람, 그리고 기운이 없어서 살아갈 수 없는 이들을 위한 현실 도피식 행정이라고 생각하는 듯하다.

여기서 이야기하는 행정 업무의 대상자들이란 생존에 필요한 빵한 조각과 깨끗한 침구가 달린 침대 하나 없는 이들을 말한다. 사회적 삶은 첫째, 열악한 환경으로부터 오는 고통을 이겨낼 수 있게 해야 하며, 둘째, 시민의 공동체 생활이 가능하도록 이에 적응하지 못하는 이들을 적응하도록 해야 하고, 셋째, 유용한 자원이나 기술을 갖지 못한 소외계층으로 구성된 군중에게 노동의 열매가 균등하게 배분되는 삶이어야 한다. 그러나 실제로는 이 과정에서 더 많은 해악이 생겨나고 자원이 소모되고 있다. 그런데 사실 그러한 점은 중요하지 않을 수 있다. 오히려 더 중요한 사실은 공무원들이 국가 안에 자신들만의 국가를 건설하였다는 점이다. 그 국가는 공무원들의 비이성적이며 비인간적이고 무책임한 전횡을 통해 시민들을 억압하면서 만들어낸 것이다.

이제 주제를 바꾸어 언론의 검열 제도에 대해 이야기하자면, 이 글이 검열제도의 실상을 이야기하는 글의 서론이라고 해도 독자들은 놀랄 필요가 없다. 검열을 담당하는 공무원들이야말로 권위주의적이고 비효율적인 공무원의 전형이다. 자신의 능력으로 채용된 것이 아닌 이들 공무원들은 그저 사회적 자선사업의 경험 기준에 따라 임용되면서 국민적인 삶의 단물과 피를 빨아먹는 흉측한 흡혈귀로 변해버렸다. 이런 상황은 국민 삶의 지속성과 안정성 및 책임성 그리고 건강한 사회를 낳게 하는 근원을 황폐화하는 것이었다.

검열관들이 현재 진행하고 작업은 혁명적 공화주의자들의 최대 계파를 지지하는 이들에게 자신들의 정당함을 보여주려고 하는 듯하다. 가장 침착하고 평온한 척하는 검열관들의 다소 천진난만해 보이는 웃는 얼굴을 보고 있노라면, 우리는 그들의 표정을 통해 말할 수 없는 분노와 인간 정신을 조작하게 될 미래에 대한 두려움을 느낀다. 검열관들은 지적인 비행非行을 통해 무지, 어떠한 기준도 없는 일처리, 무례함 그리고 어리석을 정도의 무책임을 갖고 행동한다. 그런데 그들의 정신은 극단적인 해결책을 더욱 쉽게 환호하면서 받아들이고 있다(그들의 정신 상태는 그러한 자질보다도 훨씬 극단적인 방법들을 적극적으로 활용하고 사용하는 데 주저하지 않는다).

살아 있는 이는 생산과 노동에 대한 경외감을 갖는데, 그것이 무엇이 되었든 또 누구의 것이든 이러한 정신 상태를 포함하고 있다. 그런데 여기에는 모든 것을 허망하고 부정적으로 전망하게 하는 불쾌한 혐오의 감정이자 도덕적 피곤함이 있다. 만약 질서를 유지할 책무가 있는 소수의 공무원들이라면 그들은 당연히 책임감과 성실함의 자질을 가져야 한다. 그러나 그들은 그러한 의무를 느끼지도 않으며, 오직 피곤함을 덜고자 하는 욕망과 변덕스러움, 그리고 정신적 열정이 가장 낮을 때 보여줄 수 있는 게으르고 성의 없는 태도에 굴복하여 행동할 뿐이다. 어떻게 많은 공무원에게 강령, 평온함, 경청, 그리고 이성에 따라 행동할 수 있는 설득력을 가지게 할 수 있을까? 어떻게 하면 이들 공무원 중 한 사람이 갖고 있을지도 모르는 충동적인 야망, 변덕스러움, 그리고 무책임한 감정을 떨쳐버리게 할 수 있을까? 인생을 진실과 보편적 선을 위한 평온한 투쟁의 과정으로 받아들이는 이들이나, 삶을 열정과 충동이 지배하는 모든 행동에 내재되어 있는 의무로 인식하는 이들은 이러한 공무원들의 행동에 항상 실망하게 된다. 왜냐하면 우리가 사는 현실이 비록 하루살이의 삶은 아니지만, 역사적 과정 속에서 어떤 일이 일어날지 예측하지는 못해도 영원히 이어지는 특징을 갖는다고 확신할 수 있으며, 또 항상 지속적으로 진행되기에 이에 반하는 공무원들의 행동에 실망하는 것이다. 그리고 공무원들은 자신과 자신의 직무를 위한 노력을 많이 해야만 한다. 그래야만 충동적인 노여움이나 무책임한 열정에 빠져들지 않게 되며, 자신의 감정을 주체하지 못해 스스로를 혼란에 빠트리는 우를 범하지 않을 수 있다.

그러나 유감스럽게도 공무원은 절대 후회하거나 자신의 잘못을 뉘우치는 이들이 아니다. 모든 것과 모든 사람을 무시하듯 지나쳐 버리지만, 자신에 대해 혹은 자신의 이익에 대해 생각해야 하거나 머릿속에서 무언가 정리가 필요할 때는 심사숙고하고 고민한다. 그것은 경제적 이해관계의 한 면만을 따르는 매우 일시적이고 전혀 지적이지 않은 노력에 불과할 뿐이다. 검열관은 자신의 사무실을 하얗게 칠하는 것이 올바르다고 생각한다. 예를 들어 검열관은 회사의 종합적인 계획 때문에 사실을 예단하고 판단하여 기사를 쓰는 신문사가 있다고 이야기한다. 이 검열관은 원래 비판적인 논조로 기사를 쓰는 신문사가 점점 나쁜 방향으로 가게 되는 것에 즐거움을 느끼고자 한다. 그래서 자신의 의도가 반영된 디자인으로 수정하고, 그 기사의 내용 속에 자신의 의도를 반영시킨 글이 실리도록 조치한다. 검열관은 자신의 개입과 돈이라는 요소를 악용하여, 자신을 부정적으로 묘사하는 기사를 삭제했는데, 이는 정부와 자신의 의도가 반영된 기사를 완성하기 위한 것이었다. 그렇게 이리저리 손을 봐서, 특정한 의도와 목적에 따라 보름 전에는 존재했던 내용을 모두 지워버렸고, 다른 신문들에서 볼 수 없던 사실과 내용도 모두 삭제했다.

예를 들면 그는 모든 '자본주의'와 '자본주의자들'이라는 일련의 단어를 뽑아내는 역할을 하는 치과의사 놀이에 빠져 즐거워한다. 자신의 지위를 충분히 활용하여 미소를 머금은 채 다음과 같은 사실을 부정한다. "자신의 능력과 사업 결과에 대해 긍정적인 전망을 확신하는 영국의 무역 상인은 자신이 하고 있는 사업이 자기 고장의 세속적 상거래 전통 속에 자연스럽게 녹아들 것이라 생각한다. 왜냐하면 무역이라는 것이 선조들이 했던 방식과 길을 그대로 답습함으로써 반복되는 것이라 생각하기 때문이다. 그런 방식으로 무역조정관이 된다면 영주나 성주 앞에서 그들이 육성하고 있는 군인에게 사열을 받을 수 있는 관료가 될수 있을 것이라 생각한다. 역사적으로 융커라는 신분은 독일에서 광범위한 독립적인 대토지를 기반으로 통치하고 있던 한 지방의 영주였다. 이들 융커는 자신과 사업의 미래와 안정성을 추구하는 보수적 성향을 이렇게 하여 유지할 수 있었다." 또한 그는 "영국의 하위 공무원은 남성일 경우 군역의 의무를 다하지 않은 땅이 고국인 영국이 아니더라도 공무원을 할 수 있다. 그 영국 청년은 고국 법률의 보호 아래 유럽, 아프리카, 아시아, 북아메리카와 남아메리카 등 여러 곳을 아주 어렸을 때부터 자신의 사업과 미래를 위해 세상을 돌아다니기 시작하였다. 그러다 다시 그는 치열한 전쟁터 같은 무역 전선으로 돌아가 무역을 하기 위해 세계 곳곳을 여행하는 사람, 독일 출신의 사무원, 여행 중에 만났던 사람들, 과거의 직장과 그에게 호감을 보이는 기업가들에게 돌아갔다. 그러한 관계를 통해 영국의 하위 공무원은 무역 거래량을 늘리고, 보다 적합한 물품을 찾기 위해 과거에 했던 일을 다시 시작한다"라는 사실도 서슴지 않고 부정한다. "고기와 비싼 식료품을 사기 위해 넉 달 치 봉급을 털어야 하는" 카르두치Carducci를 추종하는 이상주의 검열관은 이번 전쟁이 자본주의를 위해 수행하는 전쟁이라는 사실을 확신하고 있다. 그가보기에, 이 전쟁에서 사용하는 기계와 무기 들은 현대식 시설을 갖춘 대규모 공장에서만 생산할 수 있고, 특히 영국 군인과 독일 군인은 지속적인 희생과 훈련 그리고 저항과 투쟁의 사회 환경이라는 특징을 띤 자본주의 문명에 의해 양성되었다는 사실을 확신하였다. 경제적인 정당화(단어가 주는 숭고한 의미에서 보자면, 군인들은 자신들의 신분을 활용해 달성할 수도 있는 즉각적으로 발생 가능한 사적인 이해관계를 만들어내지 않는다는 의미에서의 정당화이다)라는 의미를 검열관은 좋아하지 않는다. 모든 현실적인 교육을 통해 만들어진 유치하지만 절제된 측면이 강조된 검열관의 정신 상태는 테코파Teccoppa가 조각한 페라빌라Feravilla에서 나타난 대중적인 정신의 전파로 사람들에게 각인되었다. 우리가 알고 있듯이 테코파는 이상주의자이다. 그는 공동체 사회에 상당히 해악을 끼쳤던 예술가다. 그는 결단코 다른 사람의 노동에 대해 정교하게 연구하거나 분석하지 않았음에도, 그저 노동을 감각적으로 아름답게 묘사한 이상주의자일 뿐이었다. 그런 이유로 그는 항상 가리발디를 비난하는 이를 좋지 않게 보았다.

그런 이유로 진정한 사상의 자유와 진정한 노동의 가치를 지킬 수는 없다! 일상의 평범한 소식들은 금방 이곳저곳에 확산된다. 로드 렌스도운Lord Lansdowne이 《데일리 텔리그래프Daily Telegraph》에 기고한 두 번째 편지는 3월 5일에 출간되었다(며칠 뒤에 발간된 토리노의 일간지들을 참조하라). 에섹스홀Essex-Hall에서 제 2회 '렌스도운 노동학술회의'가 개최되었는데, 자유무역주의 학파의 저명한 허스트Hirst 교수가 의장으로 학술회의를 주재하여 진행하였으며, 약 40여 명의 하원의원들이 참가하였다.

그런데 이런 학술회의는 무엇을 위하여 계속되고 있는가? 이에 대해서는 관련된 국가 기관을 통하여 결론에 도달하고자 한다. 그것은 이탈리아의 세금 납부자들이 동일한 공공 서비스를 받으면서도 세금 부담이 좀 더 감소될 수 있도록 배려하고자 함이다. 몇 년 전에 일군의 파리 출신 화가 집단이 아무런 노력 없이 당나귀 꼬리에 붓을 달아 휘갈긴 작품을 전위적인 전시회에

출품 허락을 받아 전시한 적이 있었다. 그런데 그 그림에 대해 사람들은 전위적인 전시회에 걸맞은 미래주의 학파의 탁월한 작품이라며 칭송하였다. '그리도Grido'의 검열관들 중에서 예전에 화가였던 사람이 하나 있었다(그 공무원의 직무는 이탈리아 특허 시스템을 담당하는 것이었다). 저절로 움직이는 당나귀 꼬리에 파란색 연필을 매단 사람들 때문에 화를 낼 필요는 없겠지만, 그가 평가한 것은 그 화가들에 대한 평가를 당나귀의 꼬리를 통해 대신하였다는 점이다. 우리는 이를 통해 관료들의 단순화가 무엇을 의미하는지, 그리고 어째서 납세자들이 절세하고 세금을 덜 내야 하는지 이해할 수 있을 것이다. 우리는 공무원들의 단순함과 비전문성 그리고 비효율성을 참아내야 할 것이고, 수백 리라의 많은 봉급 대신에 몇 리라에 해당하는 아주 적은 양의 곡식을 얻는다 해도 용기를 잃지 말아야 할 것이다. 우리가 일상에서 고통받고 고난을 헤쳐나가는 대신 보다 수준 높고 동일한 공공 서비스를 받기 위해서라도 새로운 국가를 자본주의 시장 안에 확산시킬 수 있도록 노력하는 것도 나쁘지 않을 것이다.

1918년 4월 6일

리소르지멘토와 통일 이탈리아

우리는 이제 세부적인 사항들을 아주 많이 알고 있다. U. G. 몬돌포Mondolfo는 《누오바 리비스타 스토리카Nuova Rivista Storica》지에 다음과 같은 글을 남겼다. 이탈리아 리소르지멘토 역사의 가장 주목할 만하고 화려한 부분을 차지하는 정부의 압축적인 시스템들, 경찰의 폭력, 각 정당의 추종자와 참을 수 없는 사건, 수많은 임무와 종교재판, 반란의 계기, 그리고 역사의 후퇴에 대한 세부적인 사안에 대해 알고 있다. 리소르지멘토에 대한 역사의 기록에는 당대의 저명하고 명망 있는 중요 인물들이 경험하거나 주도한 개별적인 사건과 상황에 대한 다양한 삶들이 서술되어 있다. 아마 그들은 역사의 주역이었거나 조연이었을 것이다. 그의 위대한 글에는 경찰 행위에 대한 서술, 재판 기록, 사건의 공모자와 공범 그리고 피고인들과 집행자들에 대한 기록들도 남아 있다.

그렇지만 아직 우리가 리소르지멘토에 대한 진정한 역사를 가졌다고 이야기하기에는 이르다. 역사학자 대부분은 리소르지멘토의 역사를 구성할 수 있을 것이라고 생각되는 사료들을 모으지 못하는 것을 전혀 걱정하지 않고 있다. 실제로 역사서를 쓰기 위해서는(단어의 보다 가치 있고 진지한 의미에서 보자면) 다양한 사건들의 내면과 외면을 알려는 노력만으로는 충분하지 않다. 오히려 그 시간들이 갖는 가장 심오한 계기와 의미를 밝히고 이해하는 것이 필요하다. 이는 본질적으로 통일의 의미와 그 외적인 형태에 대한 다양성을 다시 연결시키는 것이다. 이를 위해 사회적 구조를 흔들리게 하는 보이지 않는 힘들—바다에 파도를 불러일으키는 힘이라는 측면에서—이 다가올 미래에 대한 표현들이라는 사실을 주목할 필요가 있다.

이탈리아 민족의 통일에 대한 일상적 연대기를 시와 낭만적 서술로 다소 무리하게 꾸민다는 것은 아직 우리 역사를 제대로 쓰지 못했다는 것을 의미한다.

아주 적은 사람만이 인구학적 발전 과정, 농업, 무역, 상공업, 법, 교육의 발전에 대한 조건들에 대해 근본적으로 알고자 노력했다. 여기에는 프랑스가 지배하던 1814년의 이탈리아, 1818년, 1859년, 1866년, 1870년까지 등의 후속 기간과 과정이 부분적으로 빠져 있다. 이탈리아의 학자들은 고대의 경우 로마, 아테네, 시라쿠사Siracusa 지역, 그리고 중세의 경우에는 피렌체, 베네치아, 밀라노의 인구 증가 혹은 감소에 대한 연구에 공헌했다. 그들은 또한 로마제국이 지배하던 시칠리아와 사르데냐 지역의 농업 생산량과 토지 소유 관계를 연구했으며, 중세 시기 피렌체의 산업 생산량, 베네치아 공화국의 무역 거래량 등을 규명하는 데도 공헌하였다. 그러나 리소르지멘토 기간 동안 그들은 거의 모두가 이러한 주제들에 대한 연구는 역사적 사실, 그리고 이들 주제로 인해 이탈리아의 통일이 형성되었다고 생각하는 데는 그다지 도움이 되지 못한다는 생각을 고수하고 있었다.

사상의 흐름 역시 단편적이고 미완성적으로 연구되었다. 쥐세페 마치니의 생각과 원칙들은 거의 모든 역사가가 주목하는 연구 대상이자 추상성의 근간이 되었다. 미노레Minore는 그러한 연구자 중 한 명이었는데, 비록 그의 연구가 주목할 만한 것이라도 그의 연구는 지오베르티Gioberti, 발보Balbo, 톰마제오Tommaseo, 다젤리오D'Azegio, 카보우르Cavour, 카타네오Cattaneo 및 다른 이들이 했던 대화나 출간한 책, 소책자 및 기사 등에 나타난 생각들에 국한한 연구였다. 그러나 이러한 부분은 사실 당대의 모든 사상과 생각의 아주 작은 부분으로, 주로 정신적이고 물질적인 삶의 특정 문제들을 연구할 때 필요한 사상과 생각일 뿐이다. 오히려 그러한 사상을 통해 상호 연계적인 측면을 보여주거나 혹은 그러한 사상적 종합을 통해 이탈리아 민족의 문제를 검토해야 한다. 더 나아가 이탈리아 민족통일이 갖는 법률적·사회적·철학적 원칙에 대해 종합적인 시각으로 재조명할 수 있도록 분석해야 하는 것이다.

몬돌포는 1848년 초 관세동맹 체결을 위해 이탈리아 반도에 있던 국가들 사이에서 벌어졌던 회담과 담화 내용을 강조하고 있다. 1847년 초 이탈리아를 방문하여 주요 도시인 토리노, 볼로냐, 피렌체, 로마에서 열렬한 환대를 받았던 영국 자유관세주의의 선구자 리카르도 콥든Riccardo Cobden은 피우스 9세와 그해 2월 22일에 회담을 진행했다. 그는 교황에게 이미 토리노와 피렌체의 자유주의자들에게 제안했던 관세동맹의 창설을 촉진하는 동일한 제안을 했다. 콥든은 교황에게 그 제안이야말로 이탈리아 민중의 통합을 촉진시킬 유일한 효율적 수단이라는 점을 강조했다. 그는 《기억들Ricordi》 속의 민게티Minghetti가 이를 증명한다는 부연설명까지 덧붙였다. 민게티는 당시 추진 중이었거나 건설 중이던 철도를 강조했는데, 철도는 관세 통합의 주요 수단으로 이탈리아 경제와 사회 통합의 상징적인 의미였다.

1847년 11월 3일 피우스 9세의 제안으로 토스카나 공국과 피에몬테 왕국 그리고 교황청 간에 관세동맹을 위한 전제조건들이 제시되었다. 그러나 그 제안은 최종적인 동맹으로 발전하지도 못했고, 이후 다시는 거론조차 되지 않았다.

교황의 대리인이었던 코르볼리 부시Corboli Bussi 추기경이 협상을 이끌면서 작성한 편지에는 그러한 관세동맹으로 인해 발생할 수 있는 정치적인 의미를 대하는 교황청의 입장이 명확하게 표현되어 있다. 관세동맹으로 인해 관세 동맹에 가입한 국가 간에는 무역량이 증가할 것이며, 관세동맹으로 인해 삶, 사상, 감정의 보다 친밀한 통합이 있을 것이고, 보다 광범위한 상호 통합이 발생할 것이라는 내용이었다. 또한 경제적 통합은 정치적 동맹을 필연적으로 발생시키며, 이탈리아의 통일 혹은 연합이라는 형태는 굳이 통일전쟁의 형식을 취하지 않더라도 달성할 수 있을 것이라는 내용이었다. 코르볼리 추기경은 이탈리아 반도 국가들 상호간 '산업과 무역을 위한 커뮤니케이션 완전 자유'를 구축하게 되면, 오스트리아가 독일로부터 롬바르디아-베네토 왕국의 분리를 주장할 것이라는 사실을 예견했다. 또한 만약 롬바르디아-베네토 왕국을 분리하여 유지할 가능성이 없다면, 오스트리아 공국 아래 독립된 자치권을 수여하는 형태로 롬바르디아-베네토 왕국을 복속시켜서 유지하리라는 사실도 간파하고 있었다. 그렇게 코르볼리 추기경은 동맹이 "단지 이탈리아의 주권을 회복하는 것만이 아니라, 이탈리아 민중의 통일에 대한 근거 있는 열망들을 만족시킬 것이라고 생각했다. 롬바르디아-베네토 왕국 역시 이탈리아 왕국으로 조금씩 전환시켜야 나가야 할 것이며, 알프스부터 시칠리아까지의 모든 이탈리아를 아우르는 하나의 통일 국가를 이룩할 수 있다"라고 편지를 썼다.

이 생각은 새로운 것이 아니었고, 추기경 혼자만의 독창적인 것도 아니었다. 같은 시기에 마시모 다젤리오도 '이탈리아 민족의 여론을 위한 계획의 제안'에서 언급한 내용이다. 여기서 그는 이탈리아를 지배하고 있는 각 공국 대공들에게 다양한 국가들 간의 경제적 삶을 비슷한 수준으로 통합할 수 있고 시너지 효과를 일으킬 수 있는 직접적 개혁안을 제안하고 있다.

그것은 철도망의 구축, 통합 화폐 단위의 채택, 도량형의 통일, 상품 유통의 자유 등이다. 이러한 제안은 이미 세속적인 역사서에 등장한 내용이었고, 계속해서 반복적으로 발표되거나 제안된 내용이다. 많은 이들과 작가들은(다젤리오의 저서에서는 이제 막 언급되었다) 이러한 주제를 구체적으로 결론에서 다루고 주장하였다. 이와 같은 경제 통합 정책의 내용들은 통일 이탈리아의 경제적 발전을 위해서는 꼭 필요한 조치들이었고, 언젠가는 평화적으로든 무력을 동원해서든 실현되어야 하는 것들이었다.

철도 노선의 건설, 커뮤니케이션 시스템의 발전, 다양한 이탈리아 국가들 간 통일된 통화와 도량형 체계의 도입, 농업과 산업 생산을 위한 모든 과학 발견과 첨단 기계의 사용, 관세동맹의 제도화를 통한 보다 광범위한 무역 자유화의 실현 등이 핵심적인 것이다. 이러한 정책들은 모든 학자들의 이목을 집중시킬 수 있는 주요 쟁점들이었으며, 그러한 개혁 조치들을 시행할 필요를 보다 앞당겨 조건들을 성숙하게 하는 것이 중요했다. 이를 위해 광범위한 공감대를 확산하기 위한 다양한 방식의 교감과 토론을 불러일으키는 것이 필요했다.

경제적인 측면에서 삶의 질이 좀 더 발전된 곳에서는 이러한 공감과 토론이 보다 생생하면서도 명확하게 전개되면서, 구체적인 정책과 제도로 발전하였다. 이탈리아 북부 출신 작가들에게는 이러한 정책과 내용이 번뜩이면서도 실용적인 제안들로 나타났다. 특히 이탈리아 내부 문제를 다루고 있는 저술에서 이러한 정책들이 많이 발견된다. 그러나 남부 문제를 다루고 있는 몇몇 저서에는 다소 모호하고 뜬구름 잡는 이야기들이 비현실적으로 다루어져 내용상 커다란 차이점이 존재한다. 북부는 기후적이며 지질학적이고 역사적인 여러 이유 덕에 경제 생산과 서비스 산업이 매우 광범위하게 발전했다. 특히 북부에서는 농업 부문의 집약생산이 가장 먼저 일어났고, 혁신적인 산업화가 확산되었다. 그들은 자신들의 상품을 내보낼 출구를 발견할 필요가 있었으며, 결국 자유무역주의의 전개를 선택했다. 쉽고 편리한 커뮤니케이션의 문제, 도량형 통일의 문제, 국가와 국가 간의 관세 자유의 문제는 시급하고 즉각적으로 해결할 문제였다. 이를 다루고 있던 작가들과 단체들의 제안은 추상적이거나 현실과 동떨어져 실효성이 없었다. 현실에 적합하고 분명한 원칙에 의거하여 구체적인 정책과 제도를 제시해야만 했다. 다행히 이러한 필요성은 이탈리아 통일에 대한 감정을 확산시키는 데 공헌하였으며, 정치적으로 실현 가능한 강령을 담아 견고한 계획을 수립할 수 있었다.

바탈리아Battaglia는 1836년 밀라노에서 베네치아까지 가는 객차에서 다음과 같이 이야기했다. "이탈리아 반도의 다른 수도들 사이를 여행하는 것은 이제 더 이상 취미나 소풍을 떠나듯 할 수 있는 여행이 아니다. 그날은 반목하는 이탈리아 도시들의 역사가 그저 하나의 지나간 역사에 지나지 않았다라고 이야기할 수 있게 되었다." 이 글은 《그날은 이탈리아가 새로 태어났다고 말할 수 있을 것이다quel dì potrà dirsi che l'Italia è rinanta》라는 책에 들어 있는 말이다. 또한 킬리아스Killias라고 알려진 작가가 1843년에 남긴 글에도 중앙 이탈리아의 네 국가(토스카나, 파르마, 루카, 모데나) 간 관세연합을 주장한 내용이 있다. 그는 더 나아가 피에몬테와 교황청 및 나폴리 왕국과 롬바르디아-베네토 왕국까지 끌어들여야 한다고 《그렇게 통일 이탈리아의 아름다운 꿈이 실현되어 가겠지Così si andrebbe avverando il bel sogno dell'Unità italiana》에 썼다. 마치니 역시 이탈리아 여러 지역의 경제 영역이 분할된다는 것이 이탈리아의 정치적 융합에 얼마나 해가 되는지 깊이 통찰하였다(그것이 비록 순수한 이상주의에 입각한 것은 아니었을지라도 말이다). 또한 독자적 관세 제도를 허물고 동맹을 통해 얻어질 수 있는 이익이 얼마나 큰지에 대해서도 깊이 성찰하였다.

이와 동일한 문제들이 널리 확산되어 다시 한 번 확인되고 있다. 국가간 동맹을 지지하는 이들은 무엇보다 새로운 통합에 의해 주요 영역이 확장될 수 있고, 이는 이탈리아라는 통합된 힘으로 나타날 수 있다고 이야기한다. 도량형의 통일, 국가 내부를 가로지르는 주축 철도 노선의 건설, 모든 유형의 경제적 거래를 용이하게 하는 편의 수단의 증식, 그리고 무엇보다 모든 종류의 관세 장벽을 허물 때까지 자유무역주의를 완성하는 일 등이다.

몬돌포는 다음과 같은 결론에 도달한다. "이것이 우리가 걸어가기 위한 길일까? 이 질문은 세계국가동맹의 구축을 위한 정치-경제 운동의 관점에서 본다면 다소 당혹스럽고 슬픈 것인데, 왜냐하면 이탈리아라는 실체는 1848년 초 이탈리아 국가 간 동맹을 위한 통일 움직임이 결국 비참하고 황폐한 형태로 이탈리아 내부에서 나타났다가 사라져버렸기 때문이다." 에테로 폰티 Ettero Ponti 상원의원은 유럽의 통합에 대한 필요성을 주장하면서 구성 국가 간 관세 통합의 한계에 대해 의문을 가졌다. 통일을 이야기하는 다른 작가들은 그러한 한계 제시가 갖는 구체성과 명확성에 대해 생각하지 못한다. 그들은 그저 이탈리아의 통일이라는 사실 자체만을 반복하여 강조하고 있다. 그것은 과거와 마찬가지로 현재에도 이탈리아 통합을 주장하는 개혁가들의 정치적인 이니셔티브가 될 것이며, 특정한 지배계급의 경제적 이익을 감소시키면서 혼란을 초래할 수 있는 주장이 될 것이다.

1918년 4월 6일

6장

전쟁에
반대한다

Odio gli indifferenti

전쟁이 직업인 자들

어째서 전쟁은 특정한 방식(무기의 사용)으로 발발하는 것일까? 어째서 다른 방식으로는 일어나지 않는 것일까? 다른 순간이 아닌 꼭 어떤 특정한 순간에 발발하는 것일까? 어째서 전쟁을 결정하는 당사자가 부르주아들인 것일까? 다른 사람이나 다른 계층이 전쟁 결정의 주체가 되지 못하는 것은 무슨 이유일까?

이 질문에 대한 답은 그리 쉬워 보이지 않는다. 그렇다고 대답 자체가 불가능하거나, 혹은 유사하게라도 대답하기 위해 몇 가지 기준과 척도를 나열하여 대답하려는 태도가 무의미한 것이라 말하고 싶지도 않다. 결국 전쟁을 반대하는 정당이 취해야 하는 상시적 행동 지침을 명확하게 하려면 의도치 않은 전쟁이 발생하지 않도록 몇몇 명확한 전쟁 발발 방지 규정과 기준들을 확립해야 할 것이다.

사회주의자들은 전쟁이 기존 지배계급의 권력 유지를 위한 총체적인 계획의 일환이라고 확신한다. 오늘날 특권 계급은 바로 부르주아라는 점에서, 그리고 그 특권을 유지하고 누릴 수 있도록 만든 경제적 형태가 바로 자본주의라는 점에서, 부르주아의 숙명론에 따라 전쟁이 발생한다고 우리 사회주의자들은 확신하고 있다. 그러나 그렇다고 해서 전쟁을 하나의 절대법과 같이 자연발생적으로 이해되는 수학적이고 기계적인 숙명론으로 이해할 필요는 없다. 만약 전쟁이 숙명론이라고 한다면, 전쟁은 그저 일상의 현실일 뿐이며, 자본주의 국가들 간에 상시적으로 발생하는 갈등으로 인해 언제든 전쟁은 발발할 수밖에 없다. 따라서 전쟁에 대해서는 이상주의적인 관점에서 평화 유지를 위한 최소한의 숙명론으로 해석하고 의미를 찾는 것이 필요하다. 갈등은 영속적으로 존재하지만, 그렇다고 그러한 갈등이 기정사실로서 영속적으로 존재하는 것은 절대 아니다. 기정사실이나 영속적 존재는 인간의 결단력(창의성)이 개입되어야 발생한다. 그것은 행동의 순간이나 새로운 특권을 실현하기 위해 시기적절하다고 판단될 때 이를 활용하고자 하는 이들에게 필요한 것이다. 때로 전쟁은 기존의 특권이 다른 계층이나 사람에게 넘어가는 것을 막기 위해 발발하기도 한다. 그렇다면 이제 그러한 전쟁에 대한 앞의 질문을 다시 짚어보자. 어째서 전쟁은 특정한 방식(무기의 사용)으로 발발하는 것일까? 어째서 다른 방식으로는 발생하지 않는 것일까? 어째서 다른 순간이 아닌 꼭 어떤 특정한 순간에 발발하는 것일까? 어째서 전쟁을 결정하는 당사자가 부르주아들인 것일까? 다른 사람이나 다른 계층이 전쟁 결정의 주체가 되지 못하는 것은 무슨 이유일까?

이런 질문들에 대한 답은 노먼 에인절Norman Angell이 저술한 《위대한 환상Grand Illusion》에서 보다 명확하게 찾을 수 있을 것이다. 노먼 에인절은 완벽하고 정확하게 논리적인 관점에서 전쟁에 관한 의문을 제기했다. 그의 논리는 명확하고 일목요연했다. 전쟁은 전쟁을 선동하는 인간들이 전쟁 자체를 위해 수많은 이유들을 대면서 일으키는 것이다. 그 수많은 이유들이 전쟁을 기정사실화하고, 피할 수 없는 필연성이 전쟁을 지지하는 사실 그 자체가 된다는 것이다. 현대의 전쟁 중 몇몇은 민족적 자본주의 체제를 가진 국가들을 중심으로 국가에 이익이 될 수 있는 경제적 필요성으로부터 발발했다. 이와 같은 자본주의 체제를 구성하고 있는 요소가 이들 인간들이며, 이들은 전쟁에 대한 커다란 환상을 갖고 있다. 인간은 전쟁이야말로 경제적 이익 산출의 중요한 수단이라고 믿는다. 그리고 전쟁은 생산과 무역 환경과 조건을 개선시킨다고 확신한다. 그러나 만약 전쟁이 생산과 무역의 실질적인 준비와 조정을 해준다고 가정해도 전쟁은 그 어느 누구도 부자로 만들어주거나 인간을 풍요롭게 하지 않는다는 사실을 나는 분명하게 증명할 수 있다. 더군다나 전쟁은 그 어느 누구에게도 유용하지도 않으며, 누구도 승리할 수 없을 뿐 아니라 승자가 될 수도 없다. 그렇지만 전쟁을 통해 모두가 승리할 가능성도 있다. 전쟁을 통해 경제적으로 지출 수준이 낮아지면

서 한 개인의 손실이 불가피하게 다른 사람의 손실로 전환된다
는 사실을 이해하면, 우리 모두는 전쟁에서 승자가 될 수 없다.
이러한 사실을 명백하게 보여주는 통계나 수치를 통해 전쟁을
말살시켜야 한다. 전쟁의 실상을 확산시키고 전쟁이 초래하는
피해를 널리 알려야 한다. 모든 사람이 이를 인지하고 수용하면
전쟁은 곧 사라지게 될 것이다. 이러한 사실이 초기에 많은 사람
들에게 확산되고, 이를 진실로 수용하는 만큼 빨리 전쟁은 사라
지게 될 것이다.

그러나 여기서 나는 노먼 에인절에게 반론을 제기하고자 한
다. 인간이 그런 이유 때문에 전쟁을 시작한다고 믿을 수 있을
까? 아니다. 그들은 이미 시작된 전쟁을 계속 유지하기 위해 전
쟁이 필요한 것이다. 전쟁에 특정한 목적이 있다고 고정화시켜
전쟁을 더 키우기 위한 것일 뿐이다. 전쟁은 그런 이유 외에도
수많은 다른 원인들 때문에 발발한다. 그러나 전쟁의 원인과 이
유에 대해 분석하려고 노력하는 것 자체가 무용한 일이다. 전쟁
의 기원과 원인은 항상 새로운 것으로 밝혀지고, 다른 이유와 원
인들로 대체되기를 반복하기 때문에 최초의 전쟁 원인을 규명한
다는 것은 사실상 불가능하다. 따라서 전쟁에 대한 분명한 사실
하나는 어째서 전쟁이 발발하는지 아무도 모른다는 것이다. 결
국 전쟁은 인간 사회의 유산으로 영속할 수밖에 없으며, 인간은
계속적으로 전쟁을 도모할 방법을 찾는다는 것이다. 전쟁에 참
가하는 국가의 이익과 함께 명예를 획득할 수 있는 최상의 방식

으로 전쟁을 일으키고자 하는 것이다.

그런데 문제는 이러한 반론을 제기하려는 사람이 꼭 전쟁 반대자가 아니라는 점이다. 사회주의자들의 문제는 이러한 결론을 통해서는 결정적인 결말에 이를 수 없다는 사실이다.

실제로 전쟁이 논리적으로 전쟁 발발 시기에 딱 들어맞는 사건이나 환경에 따라서 시작되지 않는다는 점도 사실이다. 이에 반해 전쟁의 이유와 갈등의 원인은 너무나 많고 다양해서 하나의 완성되고 결정적인 틀로 정형화하거나 공식으로 만드는 게 어렵다는 사실 역시 분명하다. 자신들 주변에서 발생하는 일들을 걱정하거나 고민하는 인간이 여전히 너무나 소수라는 것, 그리고 현실 세계에 임박한 전쟁을 하나의 기정사실로 생각하고 국가와 사회의 해체를 막기 위해 무력 개입만이 진정한 해결책이 아니라고 주장하거나 고민하는 인간이 많지 않은 것도 사실이다. 어째서 자신이 가지고 있는 모든 노력과 자질을 통해 자신이 속한 사회를 이해하고 평화롭게 하려는 이들이 많지 않은 것일까? 전쟁을 평화로 바꾸고 변화시키려는 이들이 너무나 적다.

어째서 전쟁을 시작하기도 전에 계속해서 그리고 항상 전쟁이 발발하도록 노력하려는 사람이 존재하는 것일까? 왜 잿더미로 변하는 화염 속으로 계속해서 자신들이 갖고 있는 경제적 부와 자산을 던져버리려는 사람이 있는 것이며, 그들은 왜 사람들에게 의심과 공포를 조장하는 것일까? 어째서 전쟁 전문가들이 그리 많은 것일까? 그리고 전쟁으로 인해 모든 것을 파괴하고 멸

망시키려는 민족적 집단의식은 어떻게 존재하는 것일까?

공포를 유포하려는 자들은 항상 존재한다. 전쟁 전문가도 항상 존재한다. 고대 세계에서도 이런 것들은 존재해왔고, 페드로 Fedro의 우화에도 유사한 이야기가 전해온다.

"상수리나무에 세 가족이 살고 있었다"로 시작되는 페드로의 이야기는 다음과 같은 내용을 전한다. 독수리 한 마리가 나무 위에 둥지를 지었고, 나무 맨 꼭대기에 알을 품고 있었다. 그런데 그 나무 밑에는 멧돼지 한 마리가 굴을 파 살고 있었다. 그리고 고양이 한 마리가 자신의 안전한 은신처와 먹을거리를 보관할 수 있는 곳을 나무 중간 부분에서 발견하고 거처를 마련했다. 멧돼지와 독수리는 각자 자식들을 키우면서 서로 싸우지 않고 사이좋게 살고 있었다. 그런데 어느 날 고양이가 독수리 둥지까지 올라가서 독수리에게 멧돼지가 궁리하고 있는 나쁜 음모에 대해 아주 의심스러운 투로 이야기해주었다. 독수리에게 들려준 이야기는 지금 나무가 넘어가려 하고 있는데, 그것은 멧돼지가 나무 밑동을 파고 있기 때문이라는 것이다. 멧돼지가 밑동을 파는 이유는 나무를 쓰러뜨려 독수리 새끼들을 잡아먹기 위해서라고 했다. 이제 독수리는 새끼들을 구하기 위해 무엇을 할 수 있을까? 자신의 새끼들을 먹어치우려는 잠재적 적을 없애거나 쫓아내 만일의 사태가 일어나지 않도록 땅 밑에서 벌어지는 위험한 음모를 그만두게 하는 것이다. 그렇게 독수리에게 그런 음모를 전달하고 난 뒤, 고양이는 또 멧돼지에게 갔다. 상수리를 너무나 좋아하는 이 먹보 멧돼지보다 더 어리석은 동물이 있을까? 고양이는 독수리가 자신의 뾰족하고 날카로운 부리로 멧돼지 새끼들을 낚아채려고 적절한 순간을 노리면서 상수리나무 꼭대기에 둥지를 틀었다고 이야기했다. 만약 일이 그렇게 된다면, 어린 멧돼지 새끼들은 자신을 지킬 수 없을 것이며, 독수리로부터 달아날 수도 없게 될 것이 확실했다. 멧돼지는 어떻게 했을까? 그것은 너무나 분명했다. 단순히 나무의 밑동을 파내는 것만으로 적으로부터 새끼들을 보호하거나 이 힘겨운 싸움에서 이길 수 없을지도 모른다는 공포감이 밀려왔다. 그런데 만약 멧돼지가 나무를 쓰러트리면 어떻게 될까? 멧돼지는 자신의 은둔처를 더 이상 방어할 수 없게 될 것이고, 결국 배고픔에 시달려 죽을 것이다. 독수리 역시 자신의 둥지를 포기할 수밖에 없을 것이고, 그 역시 배고픔에 시달릴 것이다. 고양이는 그렇게 죽은 사체를 먹으면서, 먹을 것을 찾기 위해 숲 속을 헤맬 필요가 없을지도 모른다. 그러나 그 역시 새로운 둥지와 안식처를 만들어야 하고 그것이 가능할지는 여전히 미지수이다. 이런 상황을 예견한다면, 공포를 유포하는 자들이 기발하고 창의적인 생각이나 발명을 했다고 할 수는 없을 것이다.

프랑스에서 사회적으로 존경을 받는 저명인사 볼로Bolo에 관한 추문이 터졌는데, 그 내용은 볼로가 《주르날Journal》지의 주식 550만 주를 사들였다는 것이다. 《주르날》은 무기와 군수품 분야에 특화되어 있는 전문 잡지다. 항상 새로운 무기와 군수품을 소개한다. 저명한 볼로는 라펠Rappel사의 영향력 있는 주주였다. 라펠은 프랑스를 위해 르노Reno 강변의 좌측으로부터 독일 지역에 이르는 영토까지 합병할 필요성을 강조하고, 합병을 주장하는 위원회를 조직했다. 신문들은 볼로가 미국에 있을 때 타우셔Tausher 장군과 모종의 관계를 맺고 있었다고 보도했다. 타우셔는 크루프Krupp사의 홍보 담당 책임자였다. 1914년 이전에 발간되었던 기사 중에서 델라이지Delaisi라는 프랑스 노동운동가의 소책자를 추모한 영국 신문들의 기사들을 혹시 기억하는 사람이 있을까? 이 기사들은 특히 영국, 러시아, 프랑스, 독일에서 무기들을 생산하는 제조사인 크루프, 크레우소Creusot, 푸틸로프Putiloff, 암스트롱Armstrong 간의 거래 관계를 밀착 추적한 고발 기사였다. 이들 제조사들로부터 만들어진 기사와 그 기사를 통해 공포를 유포하고자 했던 이들이 수행한 작업의 공식화를 누가 기억할 수 있을까? 누가 프랑스, 영국, 러시아, 독일에서 전쟁과 관련된 계획에 대하여 선동적으로 소식들을 기사화하여 전달했는지, 또 누가 새로운 무기화와 무장화에 대한 소식과 진실을 감추는 잠재적인 적대적 국가들의 입장만을 부각시키는 소식들을 기사화했는지 기억할 수 있겠는가? 영국에서 1914년과 1913년 사이에 여섯 건 이상의 기사가 몇몇 신문에 실렸다. 동쪽 도시들 상공에 적으로 추정되는 의심스러운 비행선들이 나타났다는 기사였다. 매번 그 기사가 나간 이후에는 다른 신문들이 주도하여 이러한 상황에 대해 방어적인 입장을 보이는 정부를 압박하는 시위와 운동이 이어졌다. 그러나 하늘에 출현했던 비행선 소식이 잘못되었다는 것을 증명하는 일은 매번 가능했다. 그럼에도 그러한 오보와 잘못에 대해 비판과 반박을 제시하는 이들을 믿었던 사람은 몇 명이나 되었을까? 독일에서는 그와 동일한 성격의 주목을 받는 기사들이 영국을 적대시하면서 확산되었다. 1914년 8월 4일 독일인들은 프랑스 비행선들이 노림베르거 Norimberger에 폭탄을 투하했다고 주장했고, 독일 정부는 그 기사를 활용하여 그다지 큰 방해물이나 저항 없이 전쟁을 시작할 수 있었다.

공포를 유포하는 자들은 그런 일을 지금도 계속해서 하고 있다. 《주르날》과 라펠의 후원자인 볼로는 오늘 체포되었다. 어제는 《420》과 《시가레타Sigaretta》라는 작품을 쓴 대중 작가이며, 토데스키니Todeschini 동무를 고소한 비토리오 커틴Vittorio Cuttin이 체포되었다. 그는 모든 달마치아 지역에 대한 이탈리아의 우위권을 주장하는 사람이자, 오스트리아에 대해서도 전쟁을 불사해야 한다고 주장하는 사람이다. 그 이유로 그는 모든 아드리아 해는 이탈리아 바다에 속해 있으며, 크로아티아인과 유고슬라비아인은 조국인 이탈리아에 예속되었던 이디오Iddio 지역에서 제국의 영토 밖으로 내몰린 같은 민족이기 때문이라고 한다. 잠재적인 전쟁 발발에 대해 지속적으로 관심을 갖고 있는 국제 세력들은 전쟁의 징후에 대해 자연스럽게 선전한다. 국제 세력들은 국민들 간의 증오를 주창하면서, 미래를 위한 새로운 전쟁 유형을 재생산하는 이들로 진정으로 전쟁을 지지한다.

따라서 일반적인 유형의 전쟁에 반대하는 것만으로는 충분하지 않다. 전쟁을 시작하려 하고 미래의 전쟁에 대한 씨앗을 뿌리려는 사악하고 불순한 세력들에 대해서 견고하면서도 지속적인 통제 작업이 필요하다.

이런 상황에서 사회주의자들에게는 두 가지 임무가 있다. 첫 번째 임무는 부르주아 계급을 대체하는 세력이 되어야 하고, 그러한 대체를 통해 어떠한 전쟁도 불가능하도록 사회주의 운동을 더욱 강화시키는 것이다. 먼저 부르주아 세력을 대체하기 위한 결정적인 행동의 시간을 만들어내면서, 일정한 순간에 전쟁이 필요하다고 판단하는 그러한 부르주아 계층을 견고하게 통제해야 한다. 두 번째 임무는 첫 번째 임무를 통합하는 것이다. 다시 말해 마치 사회주의자들이 전형적으로 표명하는 것과 같이 일반적 유형의 전쟁에 반대하는 것으로만은 충분하지 않다. 예기치 않은 전쟁을 피하기 위해 노력하는 것이 필요하다. 경제 전쟁을 위해 무역 보호 정책을 요구하는 산업계의 경영자들과 군수산업의 고용인들 그리고 공포 유포자들의 음모를 피하면서, 모든 가면들을 벗겨내 진실을 알리고 전쟁을 피하도록 최선을 다할 필요가 있다. 비록 어느 순간에 전쟁의 필요성이 생길지라도 그런 순간이 절대 오지 않도록 막을 필요가 있다.

파멸에 이르도록 정신을 혼미하게 하는 노래를 부르는 인어들이 너무나 많다. 무산자 계급을 교육시킬 필요성도 있지만, 그러한 노래를 부르는 이들이 더 이상 노래를 하지 못하도록 막을 필요도 있다. 반면에 스스로를 견고하게 방어하고자 하는 율리시스Ulissi들은 너무나 적다. 율리시스들은 바닷속으로 가라앉지도 않고 노래를 들으면서도 유유히 통과할 수 있는 이들이다. 그러나 실제로 그런 노래를 부르는 인어들 역시 많지 않다. 그럼에도 선한 의지를 가진 인간들은 그들에게 노래 부를 권리를 박탈해야 한다. 그런 조치들은 부르주아 사회를 억제하고 국가의 부와 자산 그리고 평화로운 삶을 낭비하는 일을 막을 수 있도록 하기 위함이다.

1917년 10월 10일

위증과 인내

레온 워스Leon Werth는 《주르날 뒤 포플레Journal du Peuple》지에 르낭Renan이 쓴 글을 기억하였다. 이 글에서 르낭은 자신의 이력과 인생역정이 몇 세기를 거치는 동안 각색된다면 어떤 것이 진실이고 어떤 것이 거짓인가를 판별할 수 있을까라는 질문을 던졌다. 그에 따르면 《예수의 인생》이란 책이 출간되고 난 뒤에 혼란에 빠진 사제들은 르낭의 질문에 대해서 다음과 같은 답을 덧붙였다. "만약 진보를 앞당기는 일을 비판하는 것이 어리석은 행동이 된다면, 나는 스스로 아무것도 할 수 없고 별 볼일 없는 사람이 될 것이다. 만약 인간성이 어리석은 방향으로 진행하게 된다면, 그러한 평가에 대해 나는 더 이상 평가를 중요하게 생각하거나 그에 매달리지는 않을 것이다."

르낭이 역사에 대해 그리고 자신의 이야기에 대해 설정한 문제의식은 레온 워스가 역사와 전쟁의 상관성에 대해 동일한 용어로 설정하고 있는 문제의식과 같다. 과연 어떤 것이 비판의 예리함을 나타낼까? 좀 더 단순하게 이야기하면, 어떤 것이 인간의 예리함일까? 어리석음 속에서도 인간성은 지속될 수 있을 것인가? 뾰족한 안전모를 쓴 돼지들과 당나귀 머리를 한 독일 병사들 그리고 거위 머리를 한 금발의 그레첸Gretchen을 그린 우편엽서가 유행하는 것처럼 말이다. 그것은 선전의 아주 미묘한 상징들을 형형색색의 그림과 함께 당당하게 표현하고 있다. 이러한 애국적 이미지들을 통해 감정을 자극하는 우편엽서들이 유행하면서, 엽서 위 형형색색으로 달빛 가득한 밤에 낭만적인 연인들이 서로를 포옹하는 모습을 담은 엽서들과 잃어버린 시간을 다시 찾아야 한다는 의미를 담은 도안이 가득한 엽서들이 유행하고 있다.

도안에서 나타나는 다소간의 음영 차이와는 별개로 이러한 이미지들은 어떻게 보면 민족주의자들이나 민족주의적 감정과 매우 유사하거나 다양한 수준에서 닮은 점을 표현하고 있다. 그러한 종류의 인간, 다시 말해 새로운 유형의 나르시시스트들은 자신만의 삶을 갖지도 못하고 자신의 고향에 대해 자랑스러워하지도 못한다. 오히려 그들은 스스로를 민족과 동일시하거나 비교하는 인간 그룹에 자신을 포함시키려는 열망을 갖는다.

그런 감정들이 외교적인 위선이나 허세 그리고 재정적인 현실, 혹은 민주주의와 혁명적인 단어로 위장하고 있는 구시대 왕조의 오래된 관습을 유지하는 데 어떻게 유리하게 활용하는지를 상상하는 것은 그리 어렵지 않다. 이런 혼란스러운 감정들은 다른 우매한 인간들을 반대하는 수많은 우매한 인간들이 어떻게 자신을 파괴하고 파멸시키는가를 잘 설명하고 있다. 그러나 그러한 감정들이 우매한 대중들과는 다르게 보이는 인간들을 어떻게 통합시키는지는 설명하지 못한다. 전쟁을 말살시킬 수 있다고 믿는 수많은 혁명 옹호자들이 존재한다. 또한 전쟁의 윤리적 명분을 우선시하고 신뢰하는 구체제의 사람들도 많이 있다. 미래를 예측하는 역사학자는 그리 민첩하거나 명민하지 않아도 이러한 유형의 인간들이 갖는 감정과 우매한 대중이 갖는 감정들을 재발견할 수 있을 것이다.

그러나 역사학자가 전쟁의 현실적인 기간을 임의로 재구성할 수 있을까? 어떤 기록들이 그를 진실을 기록하는 길로 이끌 수 있을까? 그가 잘잘못을 구별할 수 있는 현명함과 비판적인 자질을 가질 수 있을까? 전쟁이라는 사건이 한 국가에서는 감춰질 수 있다는 사실 그리고 다른 국가는 전쟁을 말살시킨다는 명분으로 무장한다는 사실은 환영幻影이었지만, 이 사실은 일정한 순간에 이르러 인간의 동의와 자극으로 설명될 수도 있다. 민족주의자들에게 전쟁은 전쟁 이외의 다른 수단으로는 설명할 필요가 없는 것이다. 전쟁은 모든 위선적이고 상징적인 추상성이 자연적으로 결합된 화학 작용이며, 이 과정에서 모든 민족주의가 만들어진다. 게다가 천재지변이 몇 달 동안 지속되는 상황이 된다면 민족주의의 교리는 전쟁 상황에 확실히 적응하게 된다. 잔인한 이야기지만 사람들은 그냥 짧은 전쟁이라고 믿는다. 그러나 사람들이 이러한 생각을 다시 하지 않도록 인내할 필요와 많은 이들에게 이러한 인내가 매우 어렵다는 사실을 재인식시킬 필요가 있다. 혁명적인 애국주의를 주창하는 웅변가가 정통한 애국주의를 주창하는 웅변가들만큼이나 강력한 호소력이 있다는 사실을 알아야 한다. 모든 개개인에게 전쟁은 공공 구호의 필요성을 불러일으키고, 다른 이들에 대해서는 공공 보건의 필요성을 만들어낸다. 전쟁 상황의 필요성은 자유의 구원을 기대하는 모든 국민들의 희망과 혼동될 수도 있다.

그러나 이것은 분명 전쟁이다. 전쟁이란 그저 전쟁으로 인해 발생하는 모든 위선과 거짓으로 인간의 의식이 파괴되고 소비되는 것일 뿐이다. 1914년의 평화협정 주창자들은 이런 점을 미리 예견하지 못했다. 그들 중 몇몇은 정당 소속 의원들이었으며, 몇몇은 신화 속의 영웅들과 비슷해 보였다. 그들은 마치 거대한 용이나 괴물 그리고 귀신들과 싸워 이기는 영웅으로 비쳤다. 그들의 희생이 순수하고 단순한 복종을 초래할 수도 있지만, 그와 유사하게 전쟁에 대한 열망을 한없이 키울 수 있으리라는 사실을 생각하지도 못했다. 전쟁은 악한 감정, 인간에 대한 증오, 그리고 평화 파괴의 열망들을 드러내면서 지속될 것이며, 자동적으로 반복되는 행동으로 축소된 채 항상 계속될 것이라는 점을 미처 생각하지 못했다.

도래할 미래에 대한 어떤 날카로운 비평이 전쟁의 이와 같은 자동 반복적 발생이라는 특성을 강조할 수 있을 것인가? 도대체 어디에서 우리는 그러한 증언과 증거들을 발견할 수 있을까?

이는 내가 느끼는 자연발생적인 피로에 대해 이야기하는 것이 아니다. 결국 인간은 죽음의 허무함을 충분히 인지하고 있는 것처럼 보인다. 무언가에 대해 말하기 좋아하는 호사가들은 자신들의 습관에 따라 민족주의와 민족의 원칙에 대해 길게 설명한다. 그러한 설명의 순간에도 그들은 인간들이 사라지기 전에 자신들이 온 힘을 다해 구제해야 할 이들처럼 보인다. 그것은 마치 인간의 진정한 기반에는 전쟁이 존재한다는 사실을 명확하게 설명하고 설득하려는 것처럼 보인다.

립크네크르Liebknechr 감옥에 수감되어 있던 야유레스Jaures가 죽었다. 그는 가식으로 가득한 가면을 벗어버리지 못한 채 죽었다. 가식적인 가면들은 특이하게도 한 사람 한 사람에게 남아 있기도 하다. 그것은 전시장 한쪽 구석에서 흔히 볼 수 있는 작은 방에 설치된 거울에 비친 이들이 해골처럼 보이도록 하는 놀이와 같은 상황에서도 일어날 수 있는 일이다.

1917년 11월 3일

우리 스스로를 바꿀 필요가 있다

여기 탁자 위에는 최근에 출간된 몇몇 저서들이 있습니다. 그 외의 다른 서류들은 공지사항을 알리는 것들입니다. 저는 정기적으로 지역지와 회보를 두어 개 받아봅니다. 이 회보들은 프롤레타리아가 단기적이거나 장기적인 목표에 도달하기 위해 수행해야 할 종합적인 행동과 관련한 문제들을 다루고 있습니다. 이를 두고 몇몇 동지나 친구 및 친지와 이야기를 나누게 됩니다. 이럴 때마다 저는 대화 상대 모두가 무언가 각기 다른 것을 이야기하고 있다고 느낍니다. 새로운 필요성들이 떠오르고, 그런 필요성들은 생각을 자극하게 됩니다. 주변 환경의 현실에 대해 이제는 새로운 시각에서 접근할 필요가 있습니다. 모든 것이 불안하다는 것은 태생적으로 표현할 수 있는 불확실하고 모호한 의도에 대한 동요가 아직 모두에게 존재한다는 의미이며, 아무도 그것을 만족시키지 못하고 있다는 사실을 의미합니다.

왜 그 사실을 숨길까요? 저 역시 이 불안정함과 불확실함에 대해 의견을 내어 참여해보겠습니다. 자극과 충동을 제어하지 않은 채 새로운 인식의 출발을 알리는 새로운 상징과 표식들 속에 그저 무작정 떠다니도록 나를 내버려두지 않도록 하겠습니다. 그리고 사실과 내용을 수집하고 검토하여 보겠습니다.

3년의 전쟁 동안 세상에는 많은 것들이 변화되었습니다. 그리고 그 변화는 아마도 많은 부분에서 다양하게 발생했습니다. 전쟁이 일어난 3년 사이 인간은 세상을 매우 감각적인 것으로 만들었습니다. 우리는 그런 세상을 느낄 수 있습니다. 먼저 세상에 대해서만 생각해보았습니다. 저는 우리가 속한 작은 세상을 먼저 느끼게 되고, 그 세상 속으로 좀 더 직접적으로 작은 세상의 (경제적) 이익, 의지, 희망, 고통에 대한 생각을 떠올리면서 고민과 연구에 동참해보았습니다. 우리가 공동체라는 의식을 보다 광범위하게 느낄 때는 오직 공유에 대한 생각을 갖도록 노력하거나 추상성을 구체성으로 바꾸려 노력할 때입니다. 이제 그러한 공동체에 좀 더 밀착함으로써 훨씬 내면적인 의식을 획득하였습니다. 처음에 불확실하고 애매했던 모든 것들을 아주 세밀하게 보도록 합시다. 지난날에는 그저 국가를 대표하거나 대표적인 개별 인간들만을 볼 수 있었지만 이제는 인간 군상들과 인간들 모두를 함께 볼 수 있도록 합시다.

생각의 보편성은 매우 구체적이며, 적어도 구체적으로 되려는 경향이 있습니다. 무언가 필연적으로 우리 안에서나 국가 안에서 붕괴되는 것들이 있습니다. 그리고 무언가 새로운 도덕적 풍토가 형성됩니다. 그것은 모두 유동적이며, 불안정하고 변화가 심합니다. 그러나 어떤 계기(국면전환)의 필요성이 다가올 것이며, 그럼으로써 그러한 변화의 흐름은 정체됩니다. 그것은 정신적인 우연성이 결정적 상태로 전환하고자 하는 현상에 불과합니다. 생각을 자극하는 것은 아름다운 일이며, 마치 완벽한 생각을 위한 시도로 상정됩니다. 또한 실현 불가능한 야심이 되는 것이 명백하며 구체적인 의지로 상정됩니다. 그렇게 하여 혼란스러워지면서, 혼돈의 언어와 황당한 제안들이 사람들에게 다가가 기존에 알고 있던 진실들과 겹치게 됩니다.

그럼으로써 우리는 과거의 가벼움과 우리들이 가졌던 피상성을 보상받을 수 있다고 생각합니다. 하루하루의 삶에 포함되었던 내용들과 생각에 대한 습관을 버리면, 지금 우리가 처한 혼란 상태에 무방비로 노출됩니다. 우리는 과거의 삶을 지나치게 도식화하여 기계화시켰으며, 그에 따라 우리 스스로도 기계화되어 버렸습니다. 그러나 그런 기계화는 우리를 만족스럽게 하지 못했습니다. 비록 작지만 진리를 획득하는 것은 우리를 커다란 기쁨으로 가득하게 하며, 그것은 마치 모든 진리를 알고 난 뒤 느끼는 희열과 같았습니다. 우리는 애써 세상을 바꾸거나 발전시키는 일을 회피하고 살았으며, 실현 불가능한 가정을 설정하면서 그것을 해결하는 일―설사 그것이 일시적이라 할지라도―이 무의미한 것처럼 보이게 했습니다. 우리는 이 과정을 통하여 부지불식간에 신비로운 경험을 한 것입니다. 만약 그런 경험이 없었다면 찰나의 순간이나 소소한 사실들마저 지나치게 중요하다고 생각하거나, 반대로 대부분을 간과한 채 특정한 경우에만 국한시켜 의미와 중요성을 부여하게 될 것입니다. 우리는 때로 지나치게 추상적이기도 합니다. 왜냐하면 우리는 특정한 사실과 현실에 대한 역사적인 인식과 감각을 완전히 망각하고 있기 때문입니다. 또한 다가올 미래가 그 뿌리를 현재와 과거 속에 깊숙하게 담그고 있다는 사실을 보지 못하면서, 인간의 판단 능력과 인간 세계가 도약할 수 있다고 믿습니다. 더군다나 그런 도약이 물질적인 도약이 아니라 경제적이고 도덕적인 현실 안에서의 도약에 그친다는 것 또한 보지 못하기 때문입니다.

그러나 우리는 달성해야 할 명령이라는 현실적인 의무가 있어 위대합니다. 세상은 우리 외부에 위치하고 있는 힘과 자극들로 인해 공학적으로 우리 곁에 좀 더 가까이 있습니다. 부지불식간에 많은 이들이 그런 우리에게서 구원을 봅니다. 우리는 조금 다른 미래를 준비하는 사람들입니다. 그 미래는 과거보다는 분명 더 나은 미래입니다. 실의에 빠진 모든 이들, 특히 3년의 전쟁 기간이 역사의 여명에 가져다준 새로운 구원과 질서, 그리고 공동체의 삶에 대한 관심을 아주 강하게 열망한 모든 군중은 우리로부터 새로운 구원과 질서를 원했습니다. 이제 커다란 정신적 위기가 발생하고 있습니다. 지금까지 느끼지 못했던 절대적인 변화의 필요성은 어제까지도 다른 필요성에 대해 고민하지 않았던 이들에게 이제 운명으로 나타났습니다. 역사적인 순간에 필요한 것은 바로 이런 상황입니다. 그것은 마치 필연적으로 도래해야 할 것이 남아 있는 것처럼, 역사가 지금 기록하고 있는 유산 대부분이 파괴되는 역사적인 계기가 필요한 것입니다. 그러한 유산은 그들이 필요한 대부분을 충족시키고 있는 개별적이고 사적인 형태로 남겨진 유산입니다. 역사적 계기에는 역사에서 기록하고 있는 문화유산에 대한 상당한 파괴와 소멸이 발생하는데, 그중에서도 인간의 필수 물자 대부분에 해당하는 것만이 주로 파괴됩니다.

새로운 출간물과 잡지 들은 제가 추구하고 있는 그 어떤 즐거움이나 만족도 주지 못하며, 줄 수도 없습니다. 그렇다고 해서 그런 출판물에 대해 굳이 낙담하거나 실망할 이유는 없습니다. 그러한 만족은 내 자신 속에서, 외부 자극에 의해 발생하는 모든 심적 동요와 불일치를 재구성하고 배치할 수 있는 공간인 나의 의식 속에서 스스로 찾으면 됩니다. 이미 출간된 책들은 나를 자극하고 사고를 북돋우기 위해 필요한 다양한 사례들, 스스로를 깨우치게 하는 계기, 세상의 삶에 참여하고자 하는 존재의 심오한 이유들을 찾고자 하는 수단에 불과합니다. 이와 같은 교훈은 나로 하여금 위대한 과업을 수행해야 하는 이들이 바로 사회주의자들이라는 사실을 다시 한 번 일깨워 줍니다. 그 과업이란 도덕적 삶의 강화와 내부화를 말합니다.

지금까지 적용하고 있는 강령과 형식을 개정하려면 간소하고 소박하며 평화로운 생활을 완전히 바꾸어야 할지도 모릅니다. 그러나 사실 이러한 수정주의가 꼭 필요한 것은 아닙니다. 언제든 발생할 수 있는 과오들은 존재합니다. 그러나 우리가 절대로 피해갈 수 없는 가장 나쁜 과오는 그 자체를 공식화하거나 강령화할 수 없다는 점일 것입니다(다시는 동일한 과오를 범하지 않도록 이를 널리 알리고 기억하고 있어야 한다는 의미임). 우리 안에 자리하고 있는 가장 나쁜 과오는 우리의 쾌락주의와 우리 삶의 가벼움 속에 존재합니다. 그것은 일반적인 정치적 관습에서 발생하는, 우리가 무의식적으로 참여하게 되는 퇴폐적인 관습입니다. 공식들과 강령들은 외부로부터 발생하여 관성이 되었으며, 많은 부분에서 생명력을 잃어버렸습니다. 우리는 삶의 공식과 강령들을 보다 치밀하게 만들지 않거나, 열정이 가득한 실천적 행위나 행동으로 전환하지 않은 채 살고 있습니다. 그것은 우리 삶의 모든 행동과 사상의 계기와 토대 안에 반영되지도 않습니다. 그런 상황에서 공식만을 변경하는 것은 아무런 의미가 없습니다. 우리 스스로가 변하는 것이 필요하며, 우리의 행동 방식을 바꾸는 것이 필요합니다. 사상을 파괴하고, 사상의 늪과 편협한 선입견이나 즉흥적인 편견이라는 유해한 독이 우리의 온 몸에 퍼져 있습니다. 그 독이 더 이상 세상을 바꾸려 하지 않는 고정불변의 사상에 몰입하게 하고, 개량주의적 교육을 통해 세상을 바꾸고자 하는 노력도 하지 않을지라도, 우리는 계속해서 세상을 혁신해야 합니다. 우리는 사상을 개혁해야 한다는 생각을 갖고 있으며, 동시에 행동으로 실천하는 혁명주의자들입니다. 그런데 그러한 성향은 비록 일을 잘할지라도 이성적인 시각에서 보면 최악일 수도 있습니다. 우리는 합리적인 이성을 갖고 있기 때문에 직관을 통해 세상을 더욱 진일보하게 할 수 있습니다. 그러한 직관은 지속적인 불안정성과 불만족을 수반하여 더 개선되도록 하려고 할 것입니다. 우리는 내일이라는 미래에 우리와 함께하고 있는 투쟁의 동지들과 계속 같이할 수 있을지 전혀 알지 못합니다. 더군다나 우리는 구체적으로 무엇을 할 것인지 고민하고 생각하는 일에도 익숙하지 못합니다. 그런 이유로 우리가 내일 해야 할 것들이 무엇인지 명확하게 확정하지도 못합니다. 혹 내일의 과업이 무엇인지 다른 사람으로부터 듣는 것이 아니라 우리 스스로 깨우쳐 알게 된다면, 우리의 과업이 타인들의 노력과 조화를 이룰 수 있게 많은 노력과 배려를 해야만 합니다.

프롤레타리아 운동의 총체적인 삶 안에는 치밀하게 조직된 조직체가 부족합니다. 우리는 그러한 조직체가 부족하다는 사실을 잘 알고 있습니다. 일간지, 경제 조직체, 정당, 이해관계가 없는 통제 기관을 잘 구성해야만 합니다. 그것은 어쩌면 새로운 삶, 새로운 진화와 숙성을 영속하게 하는 효모와 같은 것일지도 모릅니다. 그것은 모든 경제적이고 정치적인 돌발 사건을 보면서 토론을 조정하고, 깊이 있게 하며, 풍부하게 하는 것입니다.

지금까지 진행된 이 강연에서 제가 느끼는 이러한 필요성들, 그리고 다른 분들이 제가 느끼고 있는 이러한 필요성들을 구체

적으로 계획하여 실행하게 될 것입니다. 그것은 확고한 의지를
가진 우리 동지들의 도움을 받아 해결책을 제시하고, 이에 따라
계속 발전시키게 될 것입니다.

1917년 11월 24일

언어를 어떻게 바꿀 것인가

무의식적으로 펜을 따라 써 내려가는 글에는 허세라는 보이지 않는 단어가 숨어 있다. 그것은 마치 잉크를 묻힌 펜촉처럼 보인다. 이제는 유행에서 벗어난 다른 단어들—그 단어들은 입을 가득 채우는 데 사용하는 것이 나은 듯 보인다—로 대체된 고풍스러운 단어, 그 단어는 비관적인 상황을 빗대어 사용한 것이며, 카포레토 전투의 패배주의자들이 사용한 단어이거나 그와 유사한 것들이다. 이탈리아는 사용 기한이 만료된 국가다. 왜냐하면 이미 정신상태가 쇠약해졌고, 아무리 좋게 이야기한다 해도 그런 쇠약한 정신 상태는 이탈리아를 잘못된 나라로 만드는 중심적인 역할을 하고 있기 때문이다. 고대 야만 부족이 전쟁을 벌이기 전 치르는 의식을 생각해보자. 그들은 창으로 땅을 두드리며 전투와 전쟁을 원하는 잔인한 전사들을 위해 기분을 북돋고 자극하는 행동을 하였다. 창을 버리는 행동을 하여 전투를 거부하는 사람으로 보이는 것은 자신이 궁핍한 상태에 처한 비겁자라는 것을 알리는 행위였다.

민주주의적이고 혁명을 가장한 정신은 전적으로 국가에 대한 생각으로부터 전환된 것이다. 이러한 생각은 개개인으로 구성된 사회에서는 볼 수 없다. 더군다나 그러한 정신은 부르주아가 주도하는 경제적-사회적 통일을 분쇄하였다. 이는 민중이라는 계층만이 경험적인 의지로 무장한 무한한 힘을 가지고 국가가 될 수 있다는 생각에서 나온 것이다. 그러나 여기서 의미하는 자비로운 민중이란 창을 들고 전투에 나가는, 울부짖는 전사를 배출하는 그런 민중이다. 따라서 국가는 전쟁의 유일한 판단자이자 행위자라는 것을 보여주고 있다. 전쟁은 오직 국가적 특성을 나타내는 논리에 따라 수행된다. 국가는 모든 사물과 모든 사람을 흡수하며, 오직 국가의 현실적인 특성과 국가의 특성에서 발전된 논리를 부정하는 이들만이 국가를 부정하고 반대한다. 이제 미숙한 정신상태의 산물로 탄생한 민주주의의 탈을 쓴 과장되고 악의적인 글은 사라져야 한다. 그러한 글과 단어들은 스스로 민주주의나 인간의 삶에 대해 고뇌하고 있다고 이야기하는 허세 가득한 이들이 제시하는 이데올로기적인 문제들을 해결해야 하는 기관들조차 진정한 의미를 알지 못하게 하는 단어와 글이다. 실제로 많은 허언이 존재하며, 그러한 언어들은 국가 주요 세력들에서도 쉽게 찾아볼 수 있다. 게다가 그것들은 간혹 개인들의 체면치레를 위해서도 사용된다.

민주주의의 탈을 쓴 다른 단어, '전쟁 창시자guerrafondaio'의 운명 역시 궁금하다. 이 단어의 어원은 바로 극단적인jusquauboutiste(극단주의자)이라는 표현이다. 그것은 오스트리아와의 전쟁 시기에 탄생한 단어로 당시에 과격주의자들을 지칭하기 위해서,《세콜로 Secolo》지에서 롬바르디아의 민주주의를 반대하거나 민주주의를 반대한 정당들이 사용한 단어다. 오늘날 반대 정당들에게 이 말은 정언명령이 되었다. 전쟁은 더 이상 그들 정당의 강령 외부에 위치하는 말이 아니었다. 그것은 이러한 단어의 의미 변화와 확산이 천천히 일어나서 전쟁 창시자라는 단어가 전쟁광들과 '군국주의자들' 사이에 일종의 강령과 같이 퍼져나가는 과정에서 어떤 특별한 의미가 더해지는지를 보여주고 있다. 민주주의적인 정신은 전쟁과 전쟁 간, 방어와 방어 간, 제국주의적인 전쟁과 민주주의적인 전쟁 간에 벌어지는 결정론을 규정한다. 그것은 자본주의 정치경제 조직체인 국가의 기능으로서 전쟁을 포함하지 않는다. 그렇게 하여 우리는 이미 의미가 변화된 단어를 발견할 수 있으며, 그것으로부터 새로운 단어들을 창조할 수 있거나 더 나아가 과격주의자와 근절주의자 같은 프랑스어에서 나온 신조어들까지 적용할 수 있게 된다. 이에 반해 시종일관 전쟁만을 원하는 이들에게 전쟁 창시자라는 단어는 너무나 단순한 신조어일지도 모른다.

그렇게 단어들은 시대의 이데올로기적인 현실 안에서 천천히 적응해가며, 의미를 만들어가고 인간의 (사악한) 관습(습관)들을 변화시키면서 바뀌어간다. 마치 쾌쾌한 가스와 같이 유기체 안에 존재하는 무언가와 같은 이러한 민주주의적인 정신은 견고하고 완성된 상태를 표현할 수 있는 고상한 단어들로 변모하는 데 전혀 성공하지 못하고 있다. 아프리카 식민지 전쟁 시기의 과대망상론자에게 민주주의는 그저 전쟁 창시자라는 단어에 불과하다. 그것은 사물을 망각시키고, 의미가 변한 신조어를 잊어버리고자 노력하는 단어일 뿐이었다.

1918년 2월 10일

그람시 vs 무솔리니─결사와 조합 설립의 자유에 관한 하원에서의 의사 진행 발언*

의장 그람시 의원에게 발언 기회를 드리겠습니다.

그람시 비밀결사에 반하는 법안 초안**이 하원에 상정되었습니다. 이것은 파시스트 정당이 스스로 혁명이라고 부르는 것을 증명하기 위한 실질적인 첫 번째 행동입니다. […] 따라서 파시즘은 오늘날 실질적으로 '국가를 정복'하고자 한다는 것이 증명되었습니다. 이것은 이제 파시즘이라는 표현과 현상이 공통적인 것이

* 여기에 실린 대화록은 1925년 5월 16일 하원에서 진행된 그람시의 발언문을 아래의 자료에서 재인용한 것이다. 출처의 제목은 다음과 같다. *Origini e scopi della legge sulle associazioni segrete nel discorso del compagno Gramsci alla Camera*, in 《*l'Unita*》, II, n. 117, 23 maggio 1925.

** 1925년 1월 12일에 하원에 제출된 이 법안은 모든 결사체와 단체 및 조합에 강제적으로 적용된 법률이었다. 정부는 공공의 안녕이라는 명목 아래 모든 결사체에 대해 강령과 규정 및 목적 등에 대한 모든 사항을 제출하도록 강제하는 내용을 담고 있다.

되었음을 의미하는 게 아니고 무엇이겠습니까? 이러한 의미에
서 보자면 그것은 비밀결사를 반대하는 투쟁이라는 것을 의미하
는 것일까요? […] 비밀결사는 통일된 이탈리아를 형성함으로써
시작된 통일 세상을 가져오게 하였고, 이탈리아 초기 자본주의
부르주아의 허약함을 초래하기도 했지만, 이 비밀결사야말로 부
르주아 계급이 아주 오랫동안 가졌던 효율적이고 실질적인 유일
한 정당이었습니다. […] 이탈리아에서 비밀결사는 부르주아 자
본가 계급의 실질적인 조직과 이데올로기를 대표하였기 때문에
비밀결사에 반대하는 이는 자유주의에 반대하는 것이며, 이탈리
아 부르주아의 정치적 전통에 반하는 사람입니다. 로마 교황청
에 의해 지난 과거 세력을 대표하는 농촌 계급은 오늘날 파시즘
에 대부분 장악되어 파시즘을 대표적으로 지지하는 세력이 되었
습니다.

  그러므로 파시즘이 역사적으로 가톨릭과 예수회를 대체했다
는 점은 논리적입니다. 인민 대중의 가장 후진적인 계급이 가톨
릭과 예수회의 통제 아래 놓여 있었으며, 문명 발전 과정에서 계
급은 점진적으로 발전하기 때문입니다. 바로 이 점이 이탈리아
국민의 정신적 결함으로 인해 발생한 사실일 것입니다. 그것은
아마도 50년 전에도 발생할 수 있었던 현상이었을 것입니다. 그
러나 그것은 오늘에 이르러 가장 커다란 퇴보 현상으로 나타나
고 있습니다.

  산업자본가는 노동자 운동을 멈출 능력이 없었습니다. 그들은

노동자 운동뿐 아니라 혁명적인 농촌 운동 역시 통제할 수 없었습니다. 그러므로 공장 점거 사태 이후 파시즘이 내린 최초의 본능적이고 스스로 인정하는 이야기는 바로 다음과 같은 말이었습니다. "농민들은 도시 부르주아를 지배하게 될 것이다. 그것은 도시 부르주아들이 노동자들을 강력하게 반대거나 통제할 줄 모르기 때문이다."

이제 파시즘 세력이 저를 속이지 않았다면, 존경하는 무솔리니 총리, 이것이 당신들의 주장이 아니었던가요? 도시 파시즘과 농촌 파시즘 사이에서 당신들이 선호하는 것이 도시 파시즘이라고 이야기하지 않으셨나요? (중단)

무솔리니 그람시 의원의 발언을 중단시킬 필요가 있는데, 1921~22년의 농촌 파시즘에 대한 찬사를 다루고 있는 저의 다른 기사를 의원님께서 기억하셨으면 좋겠습니다.

그람시 그런데 이러한 상황이 이탈리아에서 일어난다고 할지라도 발생할 현상 자체가 온전하게 이탈리아적인 현상은 아닙니다. 그것은 자본주의의 가장 커다란 허약함으로 인해 초래된 것으로 이러한 과정이 자본주의가 최고조로 발전한 지점에서 발생할 가능성이 높기 때문입니다. […]

그러므로 문제는 바로 이 점입니다. 이탈리아에서 자본주의 발전 상황이 파시즘과 함께 자체적으로 강화되었거나, 아니면 전쟁(제1차 세계대전 이후) 이후에 약화되었던 것이 사실일까요? 전쟁 전의 이탈리아 자본주의 부르주아의 허약함은 어떤 점들이었을까요? 그리고 이탈리아에 존재하였던 비밀결사가 기반이 되어 움직이는 정치 시스템과 함께 구조적으로 발생한 허약한 요소들은 어떤 것들이었을까요? 그러한 정치 시스템은 특히 졸리티주의Giolittismo를 선택한 시기를 전후로 최대한의 발전을 이룩했던 것은 아닐까요? 이탈리아 국민의 삶에서 가장 허약한 요소는 자원의 부족이라고 이야기할 수 있을 것입니다. 다시 말해, 이탈리아에서 국가의 근본적인 토대와 기초가 될 수 있는 산업 그리고 수많은 노동력을 흡수하여 점진적으로 발전시킬 수 있는 산업을 이탈리아에서 창출하고자 하는 부르주아의 의도는 불가능한 것입니다. 두 번째 허약한 요소는 조국 이탈리아와 연계된 식민지의 부족이라고 할 수 있습니다. 따라서 부르주아 계급과 연합하여 영속적으로 한편을 만들고자 하는 노동자 귀족을 창조하고자 하는 부르주아의 의도나 시도는 불가능합니다. 세 번째는 남부 문제라고 볼 수 있습니다. 다시 말해, 북부 혹은 다른 외국으로의 이민 문제와 밀접하게 연결되어 있는 농민들의 문제입니다. 이는 [그것을 통해 권력을] 유지하고자 하는 이탈리아 부르주아의 무력함과 무능을 나타내는 증거입니다.(중단)

무솔리니 독일인 역시 수백만의 이민자를 해외로 보냈습니다.

그람시 노동자들을 집단으로 해외 이주시키는 사업의 의미가 바로 이것입니다. 현 세계의 지배적인 체제라고 할 수 있는 자본주의 체제는 국민들에게 의식주를 제공할 수 있는 체제라고 할 수 없으며, 따라서 적지 않은 국민이 해외 이민을 가야 하는 것이 아닌가라는 생각을 하게 됩니다. […] 당신들은 스스로 항상 다른 국가들에 비하여 이탈리아가 인구학적으로 우월하다고 가정하는 가장 소아병적인 확신을 주장하고 있습니다. 예를 들면 당신들은 항상 다음과 같이 이야기합니다. 이탈리아는 인구학적으로 프랑스보다 우월하다고 말합니다. 그런데 문제는 이것이 오직 통계학적으로 증명된 자료에 의해서만 증명 가능하다는 점입니다. 제가 가끔 이러한 통계 자료를 사용하고 있는데, 전쟁 이후 공식적으로 발표된 통계 자료에 따르면, 당신들이 이야기하는 그러한 주장은 전혀 확실한 것이 아닙니다. 조사 발표된 통계 자료는 더더욱 그러한 사실을 부정하고 있으며, 오히려 전쟁 전의 이탈리아가 인구학적인 관점에서 보자면 전쟁 이후 프랑스와 동일한 수준과 상황이라는 것을 알 수 있습니다. 다시 말해, 순수한 의미에서의 경제활동 인구인 남성 인구 수를 놓고 보자면 그렇습니다. 그와 같은 규모의 남성들이 집단으로 멀리 떨어진 나라로 이민을 갔다는 사실이 전쟁 전 프랑스와 동등한 수준의 인구에서 전쟁 후 그 이하로 떨어지는 원인이 되었다는 사실입니다. 이럴 경우 인구통계보고서는 재앙이 될 수도 있습니다. 국내에는 여성과 노인 그리고 어린이와 허약한 병자, 즉 인구학적으로 매우 수동적인 부분이라 할 수 있는 사람들만 남게 됩니다. 이는 프랑스나 다른 나라의 노동 가능 인구 수준에 비해 무척 낮은 수치로, 국가 경제에 심각한 해가 되는 수준입니다.

　바로 이 점이 이탈리아 자본주의 체제의 근본적인 허약함입니다. 이는 이탈리아 자본주의가 사라질 수밖에 없는 운명에 처할 이유가 될 것입니다. 왜냐하면 세계 자본주의 체제는 더 이상 이탈리아 이민을 흡수하고 이탈리아 노동력을 착취하기 위하여 작동하지 않을 것이기 때문에, 이탈리아 자본주의는 급속하게 허물어져 사라질 수밖에 없습니다. 이런 점으로 인해 이탈리아의 자본주의는 불가항력적이 될 것이며 제대로 성장할 수 없는 것입니다.

부르주아 정당들, 비밀결사단체들이 어떻게 이러한 문제들을 풀려고 하였습니까?

우리는 최근의 이탈리아 역사 속에서 이들 두 개의 부르주아 정치세력들이 이탈리아 정부의 문제를 해결하기 위하여 한 일을 알고 있습니다. 우리는 졸리티 정부의 실천 정책을 통해, 졸리티주의와 이탈리아 사회주의적 타협주의의 결합을 목도하였습니다. 다시 말해 이탈리아 농민 대중을 부르주아와 프롤레타리아 동맹 계급 사이에서 압박하고 종속시키기 위해 일정한 북부 노동귀족 계급과 산업자본가 계급의 동맹을 안정적이고 확고히 하려는 시도가 있었다는 점을 말씀드립니다. 특히 이는 남부에서 자행되었습니다. 다행히 이러한 계획은 성공하지 못하였습니다. […] 파시스트 당신들은 이러한 정치 계획의 실패를 불러온 주요 공작 세력이었습니다. 왜냐하면 당신들은 동일한 수준에서 모든 이탈리아의 가난한 농부들과 노동귀족 계급을 평등하게 만들어버렸기 때문입니다.

우리는《코리에라 델라 세라》의 논설과 사설에 국민들에게 우리의 생각을 전달할 수 있는 코너를 신설했습니다. 이 신문은 국가 정책에 관심이 많은 중요한 세력을 대표하는 정론지이며, 이 신문의 독자들 역시 일종의 정당과 같은데, 무려 80만 명에 달하는 독자들이 있습니다.

보치Voci 그것보다는 좀 적을 텐데요.

무솔리니 아니 80만의 반입니다! 그리고 신문의 독자들을 명확하게 규정하여 산출할 수는 없습니다. 더군다나 그들은 절대로 혁명을 일으키지 않습니다. 신문 독자들은 일정하게 그 수가 왜곡될 수밖에 없습니다.

그람시《코리에라 델라 세라》는 혁명을 원치 않습니다.

파리나치Farinacci《우니태l'Unità》도 혁명을 원치 않는다고 했습니다!(반어적 의미임)

그람시 […]《코리에라 델라 세라》는 자유무역주의 정책에 대하여 남부의 애매한 농촌민주주의와 북부 산업가들 간의 동맹을 전반적으로 지지했습니다. 제시된 해결책과 다른 해결책 모두 근본적으로 이탈리아 정부가 제시한 최초 해결책보다 훨씬 광범위한 지지 기반을 얻을 수 있었으며, 리소르지멘토의 '정복자들'(피에몬테 온건자유주의자들을 의미한다)을 더욱 발전시키는 데 공헌하였습니다.

파시스트들은 이러한 해결책에 대해 어떤 것을 반대하는 것일까요? 그들은 오늘날 비밀결사에 반대하는 바로 그 법안에 반대하고 있습니다. 그들은 그렇게 함으로써 국가를 정복하겠다는 의지를 공공연히 이야기하고 있습니다. 실제로 파시즘은 부르주아가 이탈리아에서 조직화하였던 유일한 세력에 대해 효율적으로 투쟁하고 있습니다. 이는 국가가 공무원들에게 할당된 주요 자리를 차지하고 있는 부르주아의 지위를 박탈하고 파시즘 세력으로 대체하기 위한 것입니다. 파시스트 '혁명'은 행정집단 구성원들을 다른 집단으로 대체한 것에 지나지 않습니다.

무솔리니 한 계급에서 다른 계급으로 말입니다. 마치 그것은 러시아에서 일어났던 것과 같은 것이며, 모든 혁명에서 일어난 것과 같은 것이고, 마치 우리가 규칙적으로 해야 할 것과 같은 것입니다.

그람시 혁명이란 단지 새로운 계급에 기반한 것일 때에만 가능한 것입니다. 파시즘은 아직 권력에도 오르지 않은 그 어떤 계급에도 기반하지 않은 세력일 따름입니다.

무솔리니 그러나 만약 자본주의자 대부분이 반대한다면, 원하신다면 우리에게 반대하는 거대한 자본주의자들을 당신에게 알려드릴 수도 있습니다. 우리에게 반대하는 자본주의자로는 모타 Motta, 콘티Conti….

파리나치 혁명을 선동하는 신문들이 당신들을 도와주고 있지 않나요!(발언)

무솔리니 거대 자본의 은행들은 파시스트가 아닙니다. 당신들도 그 사실을 알지 않습니까?

그람시 그렇다면 비밀결사를 반대하는 법률은 실제 비밀결사를 우선적으로 반대하는 법안은 아닙니다. 그것은 파시즘이 손쉽게 타협에 이르려고 하는 그러한 비밀결사들입니다.

무솔리니 파시스트들은 그 법이 법률로서 시행되기 전에 비밀결사에 대한 법률을 불태워버리지 않았습니까! 따라서 더 이상의 협조나 동의가 필요치 않습니다.

그람시 비밀결사 단체에 대하여 파시즘은 파시스트 정당이 아닌 모든 부르주아 정당들에게 적용했던 동일한 전략을 보다 확장하여 사용하였습니다. 그 전략의 핵심은 초기에 파시즘이 이들 정당 안에 핵심적인 파시스트를 양성하려는 것이었습니다. 두 번째 단계에서 파시즘은 다른 정당들로 하여금 파시즘에 유리하게 작용할 수 있는 권력과 힘을 공개적으로 표명하도록 하였습니다. 다만 그들의 권력과 힘이 제안했던 수준이 독점적으로 작동하는 수준까지 이르지는 않도록 하면서 말입니다.

파리나치 그럼 당신들은 우리를 바보로 취급하는 거요!!!

그람시 당신들이 이탈리아의 상황에 맞는 문제를 해결하려는 능력을 가졌다는데, 바보일 리가 있겠습니까?

무솔리니 우리는 문제를 해결할 것입니다. 우리는 이미 그러한 문제 중 상당수를 벌써 해결했습니다.

그람시 […] 그런데 만약 적이 강하다면 어떻게 할까요? 아마도 처음에는 적의 다리를 못 쓰게 하고, 그 이후 적에게 명백히 우월한 조건을 제시하면서 타협을 시도하겠지요.

무솔리니 먼저 적을 뼈가 보일 정도로 앙상하게 만들어버릴 것이고, 그 이후 적을 감옥에 가두겠지요. 마치 당신들이 러시아에서 했던 것처럼 말입니다! 당신들은 당신들의 죄수들을 그렇게 했고, 그들을 감금한 채 노역과 사역을 시켰지요!(의견 제시)

그람시 감옥에 가둔다는 것은 바로 타협하자는 것을 의미합니다. 그러므로 우리는 법률이 실제로는 노동자 조직에 반대하기 위해 특별히 만들어진 것이라고 이야기할 수 있습니다. 우리는 요구합니다. 왜냐하면 몇 달 전부터 공산당이 범죄자 집단이 아님에도 경찰들이 세 명 이상이 모인 모임이나 회의를 가질 때마다 우리의 동지들을 체포하였기 때문입니다.

무솔리니 우리는 당신들이 러시아에서 한 대로 하는 것입니다.

그람시 러시아에서는 준수하고 지켜졌던 법률들이 있었지만 당신들은 당신들의 법만을 가지고 있을 뿐입니다.

무솔리니 당신들은 모든 이들을 일제히 검거하지 않았나요. 정말 잘했습니다!(원내 웃음)

그람시 이탈리아 국가의 경찰과 같은 수많은 공안 조직은 이미 공산당을 비밀단체로 간주하고 있습니다.

무솔리니 사실이 아닙니다!

그람시 그러나 세 명 이상의 모임이나 회합에 참석했다는 사실만으로 공산당원은 특별한 고발 조치 없이도 체포되고 감옥에 갇히는데, 그것은 오직 그 사람이 공산주의자이기 때문입니다.

무솔리니 그렇지만 곧바로 석방시킵니다. 도대체 몇 명이나 감옥에 있던가요? 그들이 누구인지를 알기 위해 그들을 체포하는 것입니다!!

그람시 이것은 새로운 법률의 적용을 정당화하고 가능한 한 신속히 시행하려는 체계적인 압박의 전형적 형태일 뿐입니다. 파시즘은 졸리티 정부와 동일한 시스템을 적용하였습니다. 당신들은 지금 마치 졸리티 정부에서 완장 찬 공안들이 남부에서 반대파들의 선거 입후보자들을 체포했던 것처럼 하고 있습니다. 그들이 누구인지 알기 위해서라는 명목으로 말입니다.

다른 의원 그것은 단지 하나의 사례일 뿐입니다. 당신은 남부를 모릅니다.

그람시 저는 남부 출신입니다!

[…]

다른 의원 비밀결사에 대해 말씀이나 하세요.

그람시 당신들은 제가 비밀결사에 대해 이야기하길 원합니다. 그렇지만 그 법률의 제목 어디에도 비밀결사에 대해서는 한마디도 언급되어 있지 않습니다. 오직 일반적인 조직체들에 대해서만 언급하고 있습니다. 이탈리아에서 자본주의는 국가가, 특히 남부에서 농민 계층들을 억압하면 할수록 그에 따라 발전할 수 있었습니다. […] 당신들은 매년 남부의 주민들에게서 강탈했던 수천만 리라의 세금을 다시 반환해야 합니다.

무솔리니 당신들은 러시아에서 세금을 부과하지 않도록 하지 않았던가요?

다른 의원 러시아에서는 물건들을 약탈하고 세금을 내지도 않았고!

그람시 그건 이 문제와 상관없는 것입니다, 존경하는 동료 의원님. […] 문제는 매년 국가가 남부 지역에서 어떠한 방식으로도 회복하기 힘들 만큼의 엄청난 세금을 강탈해나간다는 점입니다.

무솔리니 그건 사실이 아닙니다.

그람시 […] 결국 국가가 남부의 농민에게서 재산을 강탈하는 것은 북부 이탈리아의 자본주의에 토대를 마련해주기 위함이라는 결론입니다. (중단, 의사 개진) […] 당신 파시스트들, 파시스트 정부는 당신들의 선전 속에서 흔히 하는 선동가적인 말에도 불구하고 이미 근본적으로 노출되고 있는 파시즘의 모순을 극복하지 못할 것입니다. […]

당신들은 '국가를 획득'할 수 있으며, 법령들을 바꿀 수 있고, 지금까지 존재하고 있던 모든 형태의 조직이나 기구 안의 구조를 변경할 수 있는 방법을 모색할 수 있습니다. 그러나 당신들의 행동을 뒷받침하는 객관적인 조건을 이전보다 낫다거나 우월하게는 할 수 없을 것입니다. […]

무솔리니 당신들은 이탈리아 파시스트당보다 훨씬 당원들이 적잖아요!

그람시 그렇지만 공산당은 노동자 계급을 대변합니다.

무솔리니 그렇지 않소. 노동자 계급을 대변하지 못합니다!

파리나치 노동자 계급을 배신하고 노동자 계급을 대변하지도 못합니다.

그람시 당신들은 곤봉(폭력 혹은 강압)으로 얻어진 동의만을 갖고 있을 뿐입니다. [⋯] 결론을 내리자면 비밀결사는 반프롤레타리아의 반동적인 온정을 뛰어넘기 위해 사용될 수 있는 작은 깃발입니다! [⋯] (중단)

의장 동료 의원 여러분들은 더 이상 발언을 방해하지 마십시오! 그람시 의원이 발언을 끝낼 수 있도록 경청하십시오. 그렇지만 존경하는 그람시 의원, 더 이상 그 법률에 대하여는 발언하시지 말기를 바랍니다.

로소니Rossoni 그 법률은 결코 조직체에 반대하려는 것이 아닙니다!

그람시 존경하는 로소니 의원님, 그 법률은 조직체에 반대하는 법률의 최정점에 있습니다. 노동자들과 농민들은 당신들이 혁명운동의 기반을 갖추기 위한 노력과 시도를 막는 데 결코 성공하지 못할 것이라는 사실을 알아야만 합니다. (의사 중단, 야유와 소란) 왜냐하면 그것은 오늘날 오직 이탈리아라는 조국의 현 상황을 대변하는 것이기 때문입니다. (의사 중단)

의장 존경하는 그람시 의원님, 당신께서는 이 말씀과 개념을 세 번 아니 네 번에 걸쳐 반복하고 계십니다. 충분히 설명되었습니다! 우리는 심판관이 아닙니다. 더 이상 동일한 것을 수백 번에 걸쳐 반복하지 말아주시기 바랍니다!

그람시 아닙니다. 오히려 계속 반복해야 할 필요가 있습니다. 여

러분들이 그것을 혐오스러워 할 때까지 계속해서 들어야 할 필
요가 있습니다.

옮긴이 **김종법**

한국외국어대학교 이탈리아어과를 졸업하고 같은 학교 대학원에서 그람시 문화론으로 석사학위를 받았다. 1996년 토리노 대학교 정치학부에 들어갔고, 2000년 국가연구박사Dottorato di Ricerca의 정치사상사 및 정치기구 과정에 합격했다. 2003년 〈한국적 연구를 통해 본 그람시 헤게모니 개념에 대한 일고〉로 박사학위를 받았다.

2003년부터 한국외국어대학교, 중앙대학교 등에서 강의와 연구를 병행했으며, 2012년 서울대 국제대학원 EU연구센터 HK연구교수로 재직했다. 현재 대전대 글로벌융합창의학부 교수로 있다. 《그람시와 한국 지배계급 분석》, 《그람시의 군주론》, 《현대 이탈리아 정치사회》, 《천의 얼굴을 가진 이탈리아》 등을 썼고, 《안또니오 그람쉬》, 《남부 문제에 대한 몇 가지 주제들 외》 등을 번역했다.

나는 무관심을 증오한다

초판 1쇄 발행 | 2016년 3월 30일

지은이	안토니오 그람시
옮긴이	김종법
책임편집	정일웅
디자인	김수정, 정진혁

펴낸곳	바다출판사
발행인	김인호
주소	서울시 마포구 어울마당로5길 17(서교동, 5층)
전화	322-3885(편집), 322-3575(마케팅)
팩스	322-3858
E-mail	badabooks@daum.net
홈페이지	www.badabooks.co.kr
출판등록일	1996년 5월 8일
등록번호	제10-1288호

ISBN 978-89-5561-822-8 03300